Wolf Wagner

Kulturschock Deutschland

Der zweite Blick

Rotbuch Verlag

für Male

Die Deutsche Bibliothek – CIP-Einheitsaufnahme

Wagner, Wolf:
Kulturschock Deutschland : der zweite Blick /
Wolf Wagner. - Hamburg : Rotbuch Verlag, 1999
ISBN 3-434-53047-9

© Europäische Verlagsanstalt/Rotbuch Verlag, Hamburg 1999
Umschlaggestaltung: + malsy, Bremen
unter Verwendung des Gemäldes »Hinter den sieben Bergen«
von Wolfgang Mattheuer
©VG Bild-Kunst, Bonn 1996
Herstellung: Das Herstellungsbüro, Hamburg
Druck und Bindung: Fuldaer Verlagsanstalt
Printed in Germany
Alle Rechte vorbehalten
ISBN 3-434-53047-9

Inhalt

Einleitung *7*

1. Kapitel: Die Wendeerfahrung als Kulturschock *11*
Der Verlauf des Kulturschocks in der Wendezeit *14*
Die Phase der Euphorie *14*
Die Phasen der Entfremdung und Eskalation *15*
Zehn Jahre nach der Wende *23*
Die Phase der Mißverständnisse *28*
Die Phase der Verständigung *29*

2. Kapitel: Die materiellen Ursachen *44*
Die Bedeutung der Arbeit *46*
Die ökonomischen Gründe des Kulturschocks *49*
Der Arbeitsprozeß in der DDR *51*
Der Umbruch *53*
Die Entwicklung danach *59*
Die alltagskulturelle Verarbeitung *62*
Die Ökonomie erklärt nicht alles: Das Beispiel
Jugendarbeitslosigkeit und Rechtsextremismus *64*

3. Kapitel: Die kulturellen Ursachen – Das Modell *68*
Wie entsteht kultureller Wandel? *69*
Prestige als Orientierungsgröße *70*
Alternativen zur Prestigeorientierung *72*
Die zwei Dimensionen des Prestiges *77*
Die Entstehung und Verbreitung von
kulturellem Wandel *82*

4. Kapitel: Die kulturellen Ursachen vor der Wende *98*
War die DDR proletarischer und deutscher
als der Westen? *98*
Gab es eine DDR-spezifische Sozialisation? *104*
Die Logik des Modells *105*
Empirische Ergebnisse zur Sozialisation durch
die DDR *110*

**5. Kapitel: Die kulturellen Ursachen nach
der Wende** *127*
Das Beispiel Händeschütteln *128*
Das Beispiel Karriereverhalten *130*
Das Beispiel Arbeitseinstellung *133*
Das Beispiel Alltagsgespräche *135*
Das Beispiel Sachlichkeit *140*
Das Beispiel Konfliktbereitschaft *143*
Das Beispiel Politik und Wahrheit *146*
Das Beispiel Geschlechterverhältnis *148*

6. Kapitel: Die kulturellen Unterschiede *153*
Der Kulturschock als Abwertungserlebnis *154*
Die soziale »Entmischung« in den neuen
Bundesländern und ihre Folgen *160*
Das Modell auf dem Prüfstand *166*
Von Aufstiegsblockaden und Gegenkulturen *175*

Anmerkungen *181*

Ausgewählte Literatur *193*

Einleitung

Als ich 1995 an der Erstausgabe von »Kulturschock Deutschland« schrieb, erschien es mir riskant, sich zur deutsch-deutschen Vereinigung zu äußern. Damals wurde dieses Thema im Osten wie im Westen Deutschlands gemieden. Gleichgültig, was ich schreiben würde, wenigstens eine Seite würde es mir übelnehmen, wahrscheinlich sogar beide, so befürchtete ich. Deshalb habe ich damals als einzig gangbaren Weg die subjektive Darstellung gesehen. Der beleidigte Leser könnte die Beleidigung als persönliche Sicht des Autors abtun. Ganz anders, wenn ich mit »objektiven« Daten daherkäme.

Es war erstaunlich. Niemand war beleidigt. Beinahe alle fühlten sich verstanden. Meine Lesungen und Vorträge fanden großes Interesse, insbesondere das Kapitel, in dem ich – aus eigenem Erleben, aber unterlegt mit Ergebnissen repräsentativer Untersuchungen – häufige Mißverständnisse zwischen Ost- und Westdeutschen aus alltagskulturell unterschiedlichen Normen und Sichtweisen erklärte.

Lediglich bei drei Lesungen in Westdeutschland erfuhr ich Ablehnung und – in einem Fall – Verhöhnung in der Presse. Dort wurde vorgebracht, ich würde ein Problem erst herbeireden, das es ohne mich nicht gäbe. Die Unterschiede seien minimal und nur der langjährigen Diktatur geschuldet. Die Jugend von heute habe sie schon längst überwunden. Das wachse sich aus. Und – ein wenig im Widerspruch zum ersten Argument – der Unterschied zwischen Ostfriesen und Schwaben, Berlinern und Bayern sei allemal größer als der zwischen Ost- und Westdeutschen. Solche regionalen Unterschiede seien normal und fielen nicht ins Gewicht. Erst Leute wie ich würden daraus ein Problem machen und dabei die Ostdeutschen als anders und minderwertig brandmarken und diskriminieren. So werde die Trennung herbeigeredet.

Inzwischen ist deutlich geworden: Es gibt ein Problem, so groß, daß es ein Buch nicht herbeigeredet haben kann. Es bestehen offensichtliche und große Unterschiede im Wahlverhalten, in der politischen Kultur, in der Bewertung von Demokratie und Wirtschaftssystemen, in Konsummustern.[1] Und es herrscht eine eindeutige Benachteiligung der Ostdeutschen in Politik, Wirtschaft und Gesellschaft. Die versprochene Gleichbehandlung und Gleichstellung lassen auf sich warten. Zwei Drittel der ostdeutschen Bevölkerung fühlen sich immer noch als Bürger zweiter Klasse.[2]

Heute kann ich deshalb in einem zweiten Blick auf die deutsch-deutschen Verhältnisse eine andere Sichtweise eröffnen. Jetzt kann ich die subjektive Sichtweise ergänzen mit Daten aus eigenen Untersuchungen und einem neuen Modell. Nachdem die Phase des Kulturschocks überwunden ist, die durch die radikale und plötzliche Umstellung auf westdeutsche Verhältnisse erzeugt wurde, kommt ein anderes Moment des Kulturschocks zum Vorschein. Es resultiert aus alltagskulturellen Unterschieden zwischen Ost- und Westdeutschland. Und es wird verstärkt durch eine anhaltende Abwertung Ostdeutschlands im Vergleich zu Westdeutschland und durch immer neu erlebten Ausschluß.

Gleichzeitig haben sich die Verhältnisse kompliziert. Die für die Analyse des ersten Kulturschocks notwendige subjektive Darstellung und Sichtweise ist nun nicht mehr angemessen. So wie ein Krieg oder eine Naturkatastrophe das Gewirr der Schicksalsfäden in parallele Bahnen zwingt, so hat auch die Wende das Leben der Menschen in der DDR, in Westberlin und im damaligen Zonenrandgebiet gebündelt und gleichgerichtet. Inzwischen haben sich die Lebensläufe wieder zu dem gewohnten Gewirr aufgefächert. Zur Wendezeit und in den ersten Jahren danach konnte der subjektive Blick also durchaus repräsentativ sein. 1999 wäre die subjektive Darstellung nur noch repräsentativ für den Sonderfall und damit von vornherein von geringem Interesse. Deshalb ist ein zweiter, objektiverer und distanzierterer Blick, der die Sicht auf die Vielfalt der neuen Entwicklungen berücksichtigt, unverzichtbar. Dazu mußte ich erstens eine Analyse der materiellen Ursachen vornehmen und zweitens das Modell des Kulturschocks durch ein neues Modell des kulturellen Wandels ergänzen.

Der zweite Blick stützt sich nicht nur auf allgemein zugängliche Daten, sondern auch auf eigene deutschlandrepräsentative Erhebungen im November und Dezember 1998. Zusammen mit Hendrik Berth, ostdeutscher Psychologe von der Technischen Universität in Dresden, und Elmar Brähler, westdeutscher Professor der Medizinpsychologie an der Universität Leipzig, habe ich einen Fragenkatalog ausgearbeitet, den Elmar Brähler in eine deutschlandrepräsentative Erhebung aufgenommen hat. Er bezieht sich auf die im »Kulturschock Deutschland« behaupteten kulturellen Unterschiede zwischen Ost- und Westdeutschland. Die damaligen Hypothesen werden auf ihre heutige Gültigkeit geprüft.

Wer die Erstausgabe von »Kulturschock Deutschland« schon gelesen hat, kann das erste Kapitel, in dem das Modell Kulturschock vorgestellt und auf die deutsch-deutschen Verhältnisse angewandt wird, weitgehend überspringen. Nur der Abschnitt »Zehn Jahre danach« bringt neue Informationen.

Trotz aller Bemühungen um Objektivität sieht auch der zweite Blick die Welt mit meinen Augen. Es sind die eines in Schwaben aufgewachsenen und in Westberlin ausgebildeten Sozialwissenschaftlers, der seit 1965 meist in Westberlin lebte, dort die Studentenbewegung mitgemacht hat, zum »Sponti« geworden ist, eine dreijährige Forschungsreise durch die Welt gemacht hat und der erst seit 1992 in Ostdeutschland wohnt. Das gilt es beim Lesen zu berücksichtigen.

An dieser Stelle danke ich meiner Frau, Renate Müller, für Anregungen, Kritik und Unterstützung. Weiter danke ich Hendrik Berth und Elmar Brähler für die gute Zusammenarbeit und Hendrik Berth zusätzlich für kritische Lektüre.

1. Kapitel

Die Wendeerfahrung als Kulturschock

Kulturschock kann einem zustoßen, wenn man in eine fremde Kultur gerät. Man kennt die Regeln und Wertvorstellungen nicht und muß sich doch zurechtfinden. Das führt zu typischen Reaktionen, die in dem Modell vom Kulturschock zusammengefaßt sind.

Die Wendeerfahrung bis etwa 1992 war für die Menschen in der DDR und dem, was dann »Beitrittsgebiet« oder »neue Bundesländer« genannt wurde, ein solcher Kulturschock. Die Öffnung der Mauer am 9. November 1989 führte zu rasanten Umwälzungen in der DDR. Die massenhafte Konfrontation mit westdeutschen Standards bei den ersten Besuchen im Westen stellte beinahe alle in der DDR geltenden Werte und Orientierungen zumindest in Frage, oft genug aber auf den Kopf. Die Währungsunion vom 1. Juli 1990 krempelte das Wirtschaftssystem der DDR um, verbannte die meisten DDR-Produkte aus den Regalen, ließ die in- und ausländische Nachfrage zusammenbrechen und stürzte die gesamte Wirtschaft in eine massive Krise wie bei einem verlorenen Krieg.

Nach dem Beitritt zur Bundesrepublik am 3. Oktober 1990 wurden alle DDR-Institutionen durch solche der Bundesrepublik ersetzt. Das brachte weitere tiefgreifende Eingriffe in den Alltag mit sich. Die Menschen, obwohl daheim geblieben, fanden sich in einem fremden Land.

Westdeutsche, die all diese Umwälzungen nur aus der Entfernung miterlebt haben, können sich nicht vorstellen, wie tiefgreifend die Veränderungen waren. Die Arbeitswelt, die gesamte Warenwelt, das Versicherungswesen, der Verkehr, die Zeitungen, das gesamte Bankwesen, das Personal an den Hochschulen, die Zusammensetzung der Eliten, viele Orts- und Straßennamen, die verwaltungstechnische Einteilung des Landes in Länder und Kreise, die Parteien, von den Ampel- männchen bis zu den Zündhölzern wurde beinahe alles west- deutsch, nichts blieb, wie es vorher war. Alle Bedingungen für Kulturschock waren gegeben.

Schon der Erfinder des Begriffs »Kulturschock«, Kalvero Oberg[1], teilte den Verlauf in mehrere Phasen ein. Man kann sie in einem U-förmigen Diagramm darstellen:

Abbildung 1:
Schematische Darstellung der Phasen des Kulturschocks

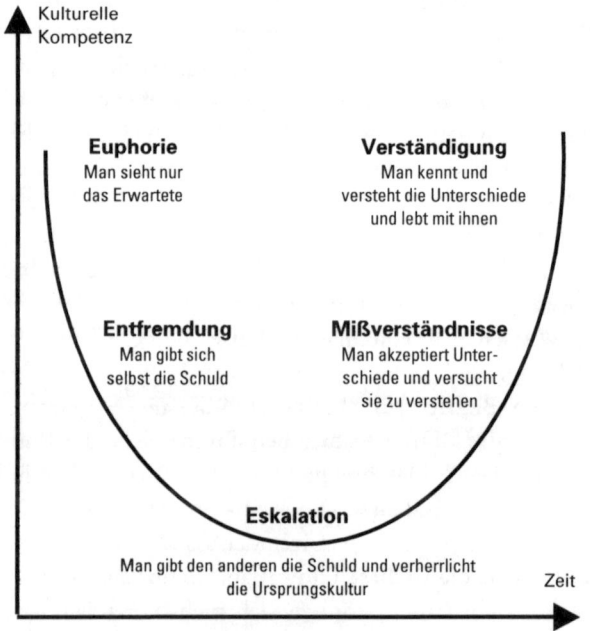

Kulturelle
Kompetenz

Euphorie
Man sieht nur
das Erwartete

Verständigung
Man kennt und
versteht die Unterschiede
und lebt mit ihnen

Entfremdung
Man gibt sich
selbst die Schuld

Mißverständnisse
Man akzeptiert Unter-
schiede und versucht
sie zu verstehen

Eskalation

Man gibt den anderen die Schuld und verherrlicht
die Ursprungskultur

Zeit

Auf der waagrechten Achse wird der Zeitablauf eingetragen, auf der senkrechten Achse die kulturelle Kompetenz. Sie ist am Anfang hoch und wird – nach einer Phase der Euphorie – in der Phase der Entfremdung immer geringer, weil die Verunsicherung wächst. Nach einem Tiefpunkt, der Phase der Eskalation, nimmt die kulturelle Kompetenz wieder zu, weil man langsam beginnt zu verstehen, daß die Handlungsweisen in der fremden Kultur verstehbare Gründe und Regeln haben. Wenn man die wichtigsten dieser Regeln verstanden und akzeptiert hat, ist man auf dem ursprünglichen Niveau der kulturellen Kompetenz angelangt, jetzt jedoch in zwei Kulturen zugleich.

Der Kulturbegriff, von dem bei kultureller Kompetenz die Rede ist, meint nicht nur die Elemente von Kultur, die in der deutschen Verwendung des Wortes vorkommen. Zwar geht es auch um Oper, Dichtung, Malerei, um all das, was im deutschen Feuilleton besprochen wird, aber vor allem geht es um banale Dinge, nämlich die Regeln des alltäglichen Miteinanders. Zum Beispiel ob und wieviel Trinkgeld man gibt, wie man sich die Nase putzt und was man mit dem Ergebnis dieser Handlung tut. Wenn man hohe kulturelle Kompetenz hat, kennt man alle Regeln: Man weiß, wann welche Regeln beim Begrüßen gelten, wann man lachen darf, wann man Dialekt sprechen darf – und wann nicht.

Solche Regeln merkt man normalerweise nicht. Sie sind selbstverständlich. Erst wenn man in eine fremde Kultur gerät, in der andere Selbstverständlichkeiten gelten, stellt man fest, daß dort das Trinkgeld-Geben, Nase-Putzen, Dialekt-Sprechen etc. anders geregelt sind. Man merkt das meist erst dann, wenn man gegen die dort geltenden Regeln verstoßen hat und dabei »ins Fettnäpfchen getreten« ist. Das ist dann Kulturschock.

Der Verlauf des Kulturschocks in der Wendezeit

Die Phase der Euphorie

Am Ausgangspunkt steht eine hohe kulturelle Kompetenz in der eigenen, heimatlichen Kultur. Diese wird im ersten Kulturkontakt beibehalten. Man läßt sich nicht in Frage stellen, bleibt der ignorante Tourist, der nur das sieht, was er schon weiß, und sich so von der erwarteten Exotik faszinieren läßt. Diese Phase wird allgemein als die Phase der Euphorie bezeichnet.[2]

Die Bilder vom Tanz auf der Mauer sind um die Welt gegangen und zum Symbol der deutschen Vereinigung geworden. Sie sind inzwischen so bekannt, daß sich niemand mehr fragt, wie sie überhaupt möglich waren. Dabei sind diese historischen Momentaufnahmen keineswegs selbstverständlich.

Sicher, es wurde ein höchst unwahrscheinliches Ereignis gefeiert. Doch das erklärt nicht die allseitigen Verbrüderungsszenen. Die Menschen, die sich da so überschwenglich willkommen hießen, waren in keiner Weise miteinander verbunden – außer daß sie deutsch waren. Hätten sie sich damals so gut gekannt, wie sie sich jetzt kennen, wären Euphorie und Verbrüderung ausgeblieben.

Beide Seiten waren sich fremd geworden. So begegneten sich wechselseitige Projektionen. Die Ostdeutschen sahen in den Westdeutschen die Verkörperung von Freiheit und Wohlstand. Die Westdeutschen begrüßten in den Ostdeutschen die endlich befreiten Brüder und Schwestern aus der Ostzone. Diese Begegnung mit dem selbsterschaffenen Bild vom guten anderen Menschen brachte für kurze Zeit bei allen das Beste zum Vorschein. Die Fremdheit war Voraussetzung der Verbrüderung.

Erst nach der Maueröffnung machte sich langsam bemerkbar, wie wenig und wieviel Falsches über die jeweils andere Seite gewußt wurde. Eine Erkenntnis, die man sich und anderen nur ungern eingestand. So berichtet der US-amerikanische Beobachter der deutschen Wende, Robert Darton: »Mich überraschte, wie wenig Ost- und Westdeutsche voneinander wissen und wie selten sie die Grenzen ihres Wissens eingestehen. Erstaunlicherweise hatten viele Westberliner noch nie den Ostteil der Stadt besucht. ›Warum sollten wir?‹ sagten sie meist. ›Wir kennen dort niemand, es gibt nichts zu unternehmen, die Grenzwachen sind ekelhaft, wir müssen unser Geld gegen eine wertlose Währung eintauschen, und in den Geschäften gibt es nichts zu kaufen.‹ [...] die Mauer hatte ihre Funktion perfekt erfüllt.«[3] Dabei darf man nicht übersehen, daß Ostdeutsche sehr viel mehr über Westdeutschland wußten als umgekehrt. Doch auch ihr Wissen war vom Wunschdenken gefärbt.

Die Phasen der Entfremdung und Eskalation

In der Abbildung 1 zeigt die Abstiegsphase eine Zeit des Verlusts an kultureller Kompetenz. In ihr wird die schützende Kapsel der Ignoranz verlassen, und man merkt nach und nach, wie fremd die neue Kultur tatsächlich ist. Das ist eine Folge der »Fettnäpfchen«, in die man tritt. Erste Reaktionen darauf sind Selbstzweifel und Selbstbeschuldigung, weil man die gewohnte kulturelle Kompetenz erwartet und deshalb das Mißlingen der Kommunikation alleine sich selbst anlastet.[4]

Der Weg zum Tiefpunkt der U-Kurve ist die Phase der Eskalation. Jetzt gibt man nicht mehr sich selbst die Schuld, sondern den anderen. Sie machen es falsch, man selbst macht es richtig. Das schaukelt sich hoch zur Verherrlichung der eigenen und zur Verteufelung der fremden Kultur. Das Resultat ist Heimweh.

In der Zeit der Wende waren diese beiden Phasen sehr eng verwoben.

Nach der Euphorie machte man erste irritierende Beobachtungen. Die Westdeutschen mokierten sich über die langen Schlangen neugieriger Ostdeutscher vor den Pornoläden. Die Ostdeutschen erschreckte die Dominanz der Waren und des Geldes im Westen und die Kehrseite des Reichtums wie Bettler und Obdachlose.

Die Ströme von DDR-Besuchern in Westberlin schufen ein für Westdeutsche fremdes Straßenbild. Ihre Autos stießen kleine, blaue Wölkchen aus, die sich zusammenschlossen und einen übelriechenden Dunst bildeten, den die Ostdeutschen nicht zu bemerken schienen. Massen füllten die Bürgersteige, schweigend, langsam und bedächtig in den Bewegungen, viele gleich angezogen in stone-washed Jeans, Baumwoll-hemden und Jeans-Jacken – in der DDR Mangelware, im Westen die Mode von vorgestern. Sie machten den Westber-linern und den Bewohnern der Grenzorte ihre eigene Stadt fremd.

Für mich, den Träger der triumphierenden Westkultur, sa-hen jene Tage so aus: Mich störten am meisten die Schlangen, die für Begrüßungsgeld anstanden. Schon früh morgens waren sie da, manchmal kürzer, manchmal länger, meist aber schon um den halben Häuserblock herum. Schweigend stan-den die Menschen von morgens bis abends Stunde um Stunde an. Die Schlange riß nie ab, füllte sich immer neu auf, Tag für Tag, Woche um Woche. Ich haßte diese Schlange, hielt es für einen demütigenden Akt unserer Regierung, die Menschen um hundert Mark anstehen zu lassen, sie zu Almosenempf-ängern zu machen. Ich fand es schrecklich, was die Men-schen mit sich machen ließen.

Mehrmals am Tag mußte ich auf meinem Weg zur U-Bahn oder zum Einkaufen durch die Schlange hindurch. Mit jedem Tag wurde ich hochmütiger und ärgerlicher, bis ich einmal mit wehendem schwarzem Mantel, rotem Schal und einem breitkrempigen Hut auf die Menschen in der Schlange zu-eilte, als ob sie nicht da wären, und sie auf diese Art zwang, zur Seite zu springen, um mir einen Durchgang zu öffnen. Während ich es tat, erschrak ich über meine Arroganz. Ich

16

hatte mich irritieren lassen durch die Veränderungen in der Stadt. Ich wünschte mir mein altes Berlin mit der Mauer zurück. Ich haßte die Menschen, die eine Veränderung gebracht hatten, über die ich noch vor kurzem geweint hatte vor Freude. So ging es vielen.

Meine Reaktion auf das Fremde war klassisch: Wie auch ich betonten beinahe alle die Überlegenheit ihres ursprünglichen Alltags, verklärten ihn nostalgisch und werteten die Veränderung und diejenigen, die sie gebracht hatten, mit Inbrunst ab. Gegen die Einheitskluft der Leute aus der DDR setzte ich meine extravagantesten Kleidungsstücke. Gegen ihr staunendes Schweigen demonstrierte ich weltmännisches Auftreten. Als Kontrast zu den billigen Plastikwaren, die sie sich leisten konnten und die nun alle Läden meines Viertels überschwemmten, leistete ich mir eine Exklusivität, die meine Mittel weit überforderte. Gleichzeitig verklärte ich das Berlin vor der Öffnung der Mauer.

Was mit mir geschah, konnte man rundherum erleben: »Die sollen doch drüben bleiben, wo sie hergekommen sind!« Das hörte ich zum erstenmal eine Woche nach der Öffnung der Mauer, als bereits der zweite völlig überfüllte Bus an der Haltestelle ohne zu halten vorbeifuhr. Das Berliner Verkehrssystem brach unter dem Massenandrang zusammen. Die Bahnsteige und Züge waren so voll, daß niemand mehr ein- oder aussteigen konnte. Ein Polizist mahnte die von der Straße Nachdrängenden über Lautsprecher: »Meine Herrschaften, seien Sie doch vernünftig. Die U-Bahn fährt erst wieder, wenn Sie den Leuten Platz machen zum Aussteigen. Bilden Sie doch Schlangen und warten Sie, bis Sie dran sind. Das haben Sie doch gelernt im Osten.«

So recht der Polizist hatte, so war es doch die erste verallgemeinernde Abwertung der Menschen aus der DDR, die ich hörte. Ich empfand es als bösen Spott, daß den Menschen ein Mißstand, der sie gezwungen hatte, einen Großteil ihres Lebens in Schlangen zu verbringen, zur Charaktereigenschaft angedichtet wurde – der Fähigkeit zum Schlangestehen. Das war die Logik des Polizisten.

Auf diese Weise wurde in den folgenden Monaten »der Ossi« konstruiert. Es ist die Methode der Ableitung aus einer vorgefaßten Definition. Sie entbehrt jeglicher empirischen Grundlage und funktioniert so: Vermutungen und tatsächliches Wissen über die DDR als Diktatur und Unrechtssystem werden zu einer Prämisse vermengt. Dann wird behauptet, das DDR-System hätte vierzig Jahre lang auf die Menschen eingewirkt und daher ihren Charakter geprägt. Weil die Menschen vierzig Jahre um Waren angestanden haben, sind sie es gewohnt, und es macht ihnen auch nichts mehr aus. Weil die Menschen vierzig Jahre im Unrechtssystem gelebt haben, haben sie keinen Sinn für Recht und Unrecht. Sie mußten vierzig Jahre lang kuschen, also sind sie brav und feige. Sie haben vierzig Jahre nichts als Propaganda gehört, also können sie nicht mehr kritisch denken. Sie wurden vierzig Jahre ins Kollektiv gezwungen, also haben sie Selbständigkeit und Individualität nie ausbilden können. Sie haben vierzig Jahre in der Diktatur gelebt, also haben sie kein Verständnis für Demokratie und Pluralismus. Am Ende steht immer die Schlußfolgerung, daß die Menschen unfähig sind für das Leben in Marktwirtschaft und Demokratie.

Da es in der Realität bei der großen Vielfalt menschlicher Verhaltensweisen immer auch Menschen gibt, die einem solchen Bild entsprechen, erlangt es schnell die höheren Weihen eines Erfahrungsurteils. Seine Entstehungsweise durch pure Deduktion aus willkürlichen Annahmen wird vergessen. Zu diesem Vorgehen neigen wir in unserer Wirklichkeitswahrnehmung ohnehin. Das behaupten jedenfalls die Anhänger der konstruktivistischen Erkenntnistheorie.[5] Sie argumentieren, daß der Mensch immer schon mit erlernten oder konstruierten Modellen und Theorien im Kopf die Wirklichkeit wahrnimmt und deshalb seine Wahrnehmung so gestaltet, daß sich die Konstruktionen bestätigen.

Vielerlei empirische Untersuchungen und psychologis
Experimente bestätigen dies. So wurden deutschen und US-
amerikanischen Probanden Stimmen aus beiden Nationa-
litäten vorgespielt, von denen jede, willkürlich gemischt,
amerikanische und deutsche Laute ohne Inhalt sprach. Die
Zuhörer wurden jeweils aufmerksam, wenn in den Stimmen
Merkmale auftauchten, die sie der jeweiligen Kultur zu-
schrieben. Bei den US-Amerikanern war das Umgänglich-
keit, bei den Deutschen Aggressivität. Die Zuhörer hatten
also vor dem Hörerlebnis eine implizite Theorie über die
Persönlichkeitsmerkmale der jeweiligen Kultur, die sie durch
ihr Hörverhalten bestätigten.[6]
Mit dieser Methode wurde das Bild vom unterdrückten,
anpaßlerisch-feigen, larmoyanten, zurückgebliebenen und
unproduktiv-faulen »Ossi« konstruiert, das sich innerhalb
weniger Wochen in Westberlin und Westdeutschland verbreitete. Das Grundmuster dazu war bereits in der Lautsprecher-
ansage jenes Polizisten in der ersten Woche nach der Maueröffnung enthalten. Es wiederholte sich in einer großen Zahl
von Aufsätzen und Büchern.[7]
In gleicher Weise und zur gleichen Zeit entstand auch das
Gegenstück zum »Ossi«: der »Wessi«. Die Bezeichnung wurde vor der Wende nur in Westberlin verwendet, und zwar als
Schimpfwort für die Touristen aus Westdeutschland. Es ist
eine feine Ironie der Geschichte, daß die Westberliner durch
die Wende nun selbst zu Wessis wurden. In der DDR hießen
sie zusammen mit allen anderen Bundesbürgern »Bundis«.
Auch der »Wessi« ist, wie der »Ossi«, eine abwertende, aus
willkürlich gefaßten Annahmen abgeleitete Konstruktion
eines Vorurteils, das sich durch selektive Wahrnehmung der
Wirklichkeit immer neu bestätigt und sich durch gegenteilige
Erfahrungen nicht widerlegen läßt. So wie der »Ossi« aus
Vorstellungen über den »real existierenden Sozialismus« ab-
geleitet wird, entsteht der »Wessi« aus Annahmen über den
Kapitalismus. Der Kapitalismus ist eine Konkurrenzgesell-

schaft, also ist der »Wessi« ein gnadenloser Egoist und Ellen-
bogenmensch. Beim Kapitalismus geht es nur ums Geld, also
sieht der Wessi nur das Geld und keine Menschen. Im Kapitalismus zählt nur der Profit, also ist der Wessi ein ausgemach-
ter Zyniker ohne Moral. Der Kapitalismus lebt von Werbung
und Selbstanpreisung, also ist der Wessi ein notorischer An-
geber und Aufschneider.

Der »Wessi« ist aber – im Unterschied zum »Ossi« – eine
Mischfigur. Einerseits werden ihm alle bösen Eigenschaften
der Marktwirtschaft angedichtet, andererseits schließt man
von den selbst erlebten Demütigungen auf den Charakter des
Wessi-Täters. Wenn man zum Beispiel als Ostdeutscher über
eine der neu eingeführten westdeutschen Gepflogenheiten
nicht Bescheid weiß, wird das als Demütigung erlebt. Weil es
der Westdeutsche weiß, wird er zum »Besserwessi«. Weil seine Gepflogenheiten gelten, wird er zum »Kolonisator«. Weil
seine Warenwelt sich durchsetzt, wird er als Diktator und
Manipulator identifiziert. Auch hier gibt es genügend Menschen, die der vorgefaßten Meinung entsprechen und sie qua-
si-empirisch rechtfertigen. Ausnahmen bestätigen immer nur
die Regel.

Im Prozeß der Eskalation gewann die Konstruktion vom
Wessi und Ossi ein Eigenleben. Wie in dem Stück *Andorra*
von Max Frisch, in dem die als Jude wahrgenommene Haupt-
person immer mehr die ihm zugeschriebenen Eigenschaften
annimmt, begann das Vorurteil, sich seine eigene Wirklichkeit zu schaffen. Der »Wessi« gewann sogar soviel scheinbare
Wirklichkeit, daß Ostdeutsche ihn als Charakterbeschrei-
bung auch auf Ostdeutsche anzuwenden begannen. So hat
Eva Mahn vor 1994 Fotos von den Freundinnen und Freun-
den ihrer halbwüchsigen Kinder gemacht und sie über ihre
Lebensansichten befragt. Eine von ihnen, Antje, sagt den be-
merkenswerten Satz: »Ich fühle mich im Westen unwohl. Alles ist so arrogant, so zackig, so sauber. Es stimmt alles. Jedes
Staubkörnchen weiß, wo es hingehört.« Und Mira wendet

die Bezeichnung »Wessi« sogar auf ihren eigenen Vater an: »Früher habe ich meinen Vater abgöttisch geliebt. Er war ein irrer Typ und hat viel Scheiße gebaut. Jetzt ist er eben älter und gesetzter und etwas wessihaft geworden.«[8]

Auch auf der westdeutschen Seite stieß ich immer häufiger auf Zeichen der Eskalation: Freunde von mir, die seit Jahren in Westberlin gegen Rassismus kämpften, schimpften über »die Ossis«, daß es mir graute. Hätte man das Wort »Ossi« durch das Wort »Ausländer« oder »Schwarze« ersetzt, wären ihre Ausbrüche Musterbeispiele für Rassismus gewesen. Wenn ich ihnen das sagte, wurden sie unwillig. Eine Bekannte, die Aushilfskräfte aus der DDR beschäftigte, behauptete, sie habe noch nie so dumme Menschen getroffen. Nicht einmal fotokopieren könnten sie, oder Briefe eintüten. Wenn man es ihnen zehnmal gezeigt habe, machten sie es beim elften Mal schon wieder falsch. Sie wußte auch den Grund: Die klugen und fleißigen Ostdeutschen seien alle geflüchtet, zurückgeblieben seien nur die Zurückgebliebenen. Das Wortspiel amüsierte sie.

Immer häufiger hörte ich in Westberlin in der U-Bahn oder im Bus gehässige Sprüche über die »Ossis«. Wären sie gegen Ausländer, Frauen oder Minderheiten gerichtet gewesen, hätte ich protestiert. Doch so sagte ich nichts, denn auch ich steckte in der Eskalationsphase.

Die Enttäuschung über den Einigungsprozeß hält seit dem Zusammenbruch der euphorischen Phase an. Die »Gesellschaft zum Schutz von Bürgerrecht und Menschenwürde GBM« hat bis heute mehrere umfangreiche Weißbücher mit dem Titel *Unfrieden in Deutschland* herausgegeben[9], in denen auf jeweils mehreren hundert Seiten die Frustration über Abwicklung, Evaluation, Berufsverbot, Herabstufung, Arbeitslosigkeit, Eigentumsansprüche, Bauernfängerei, Mietexplosion und Treuhandschwindeleien ausgebreitet ist. Der Ausschluß der Bevölkerung aus dem Vereinigungsprozeß, die strikte Weigerung der Bundesregierung, auch nur zu erwägen, ob es in der DDR nicht vielleicht Errungenschaften gab, die es wert gewesen wären, für ganz Deutschland übernommen zu werden, erregten breiten Unwillen und Enttäuschung in den neuen Bundesländern. Einzig der lächerliche »grüne Pfeil« wurde nach unendlichen Diskussionen in der ganzen Bundesrepublik eingeführt, blieb aber mit wenigen Ausnahmen auf das Gebiet der ehemaligen DDR beschränkt.

Die moralische Empörung über den Westen war kein Einzelphänomen. In einer Umfrage für den *Spiegel* vom August 1994 hielten 63 Prozent der Ostdeutschen sich selbst für »ehrlich«, aber nur 8 Prozent meinten dasselbe über die Westdeutschen. 70 Prozent der Ostdeutschen befanden, sie selbst seien »sozial eingestellt«, aber nur 12 Prozent der Westdeutschen trauten sie dasselbe zu. 77 Prozent der Ostdeutschen schätzten die Westdeutschen als »überheblich« ein, nur 4 Prozent von ihnen kreuzten dieselbe Eigenschaft bei sich selbst an. 62 Prozent von ihnen meinten, die Westdeutschen seien »geschäftstüchtig«, was sie von sich selbst nur zu 15 Prozent annahmen. Die moralische Verurteilung einer Kultur, der sich die Ostdeutschen unterwerfen mußten, könnte eindeutiger nicht ausfallen.

In repräsentativen Befragungen zwischen 1990 und 1994 wird die Frustration auf beiden Seiten, vor allem aber in der ehemaligen DDR deutlich: Ein zunehmender Prozentsatz der Bevölkerung war mit dem Einigungsprozeß, so wie er gelaufen ist, nicht zufrieden. Vor allem die Frauen in den neuen Bundesländern mußten eine massive soziale Abwertung und Reduktion ihrer Möglichkeiten hinnehmen.[10] Die *FAZ* berichtete am 13. April 1994 unter der Überschrift »Blühende Landschaften, welkende Launen?« von einer repräsentativen Umfrage, derzufolge zwar 58 Prozent der Ostdeutschen das Resümee ziehen, »daß sich ihre wirtschaftliche Lage in den letzten drei Jahren verbessert habe«, doch 87 Prozent der Ostdeutschen klagen, »der Zusammenhalt zwischen den Menschen sei in den Jahren seit der Einheit schlechter geworden. Auch das Klima in den Betrieben empfindet knapp jeder zweite Berufstätige heute als kälter und unfreundlicher als früher.« Besonders kraß kommt die gegenseitige Frustration in folgender Aussage zum Ausdruck: »Ost- und Westdeutsche sind gekränkt, empfinden den eigenen Beitrag zum Aufbau Ostdeutschlands als zu niedrig bewertet. 81 Prozent der Bevölkerung in den neuen Bundesländern haben den Eindruck, daß der Westen ihre Leistung unzureichend würdige, umgekehrt glauben 69 Prozent der Westdeutschen, daß die Ostdeutschen ihren Beitrag zu diesem großen Werk nicht ausreichend anerkennen.«

Den Westdeutschen jenseits der ehemaligen Zonenrandgebiete hat die Vereinigung lediglich einige Prozent Steuererhöhung, viele Abschreibungsmöglichkeiten, neue Postleitzahlen und eine neue Hauptstadt gebracht. Sonst hat sich in ihrem Alltag nichts verändert.

Nur die Ostdeutschen sehen sich unter Anpassungsdruck. »Wir sind die besiegten neuen Untertanen« formulierte 1991 Hans-Joachim Maaz für viele Ostdeutsche.[11]

Zehn Jahre nach der Wende

In den repräsentativen *Allbus*-Befragungen[12] von 1998 zeigte sich, daß sich die Deutschen über die Bewertung der Folgen der Vereinigung weiterhin uneins sind: Gefragt, ob die Vereinigung für Westdeutschland mehr Vorteile als Nachteile gebracht habe, stimmten drei Viertel der Westdeutschen dagegen. Für sie überwogen die Nachteile. Die Ostdeutschen sahen das aber ganz anders. Ebenfalls drei Viertel von ihnen waren sich sicher, daß die Vereinigung für die Westdeutschen von Vorteil war. Auf die gleiche Frage, diesmal auf Ostdeutschland bezogen, waren über die Hälfte der Ostdeutschen der Meinung, die Vereinigung habe ihnen mehr Nachteile als Vorteile gebracht. Die Westdeutschen sahen das ganz anders: Über 83 Prozent von ihnen meinten, die Ostdeutschen hätten durch die Vereinigung mehr Vorteile gehabt.

In Westdeutschland herrscht also bei drei Vierteln der Bevölkerung die Meinung vor, die Vereinigung sei alleine für die Ostdeutschen von Vorteil gewesen. Umgekehrt meinen über die Hälfte der Ostdeutschen nur die Westdeutschen hätten dabei gewonnen. Das ist keine gute Grundlage für Verständigung.

Über zwei Drittel der Ostdeutschen, aber nicht einmal ein Drittel der Westdeutschen meinen, »die Bürger in den alten Bundesländern sollten zu mehr Opfern bereit sein, um die Lage der Bürger in den neuen Bundesländern zu verbessern«. Umgekehrt stimmten beinahe 90 Prozent der Westdeutschen, aber nur etwa 40 Prozent der Ostdeutschen der Aussage zu, »die Bürger in den neuen Bundesländern sollten mehr Geduld zeigen, was die Verbesserung ihrer Lage betrifft«. Im übrigen meinen beinahe 80 Prozent der Westdeutschen, es hänge »im wesentlichen« von der Leistung der Ostdeutschen ab, wenn es ihnen besser gehen soll. Das fand aber nur ein Drittel der Ostdeutschen.

Über zwei Drittel der Ostdeutschen fordern also von den Westdeutschen mehr Opfer, werden aber von den Westdeutschen zu 80 Prozent mit der Aufforderung abgespeist, doch gefälligst mehr zu leisten und mehr Geduld zu haben. In einer Zweierbeziehung wäre eine solche Konstellation ein sicheres Anzeichen von Zerrüttung.

Es kommt aber noch schlimmer: Bei der Befragung wurden die Menschen mit folgender Aussage konfrontiert: »Die Bürger im anderen Teil Deutschlands sind mir in vielem fremder als die Bürger anderer Staaten.« 1998 – knapp zehn Jahre nach Öffnung der Mauer – stimmten dieser Aussage in Westdeutschland 26,9 Prozent, in Ostdeutschland 21,8 Prozent zu. Das heißt, in beiden Teilen Deutschlands sind Ausländer etwa einem Viertel der Menschen vertrauter als Ost- bzw. Westdeutsche. Wie wahr dies ist, zeigt sich bei der

Bewertung der Aussage: »Viele Bürger in den neuen Bundesländern sind dem Leistungsdruck in einer freien Marktwirtschaft nicht gewachsen.« In Westdeutschland stimmen dieser Aussage über drei Viertel der Befragten zu, in Ostdeutschland nur etwa ein Drittel.

Einer 1998 durchgeführten repräsentativen Befragung von Hochschülern durch die Konstanzer Arbeitsgruppe Hochschulforschung um Tino Bargel[13] kann man entnehmen, daß die ostdeutschen Hochschüler kritischer sind als ihre westdeutschen Kommilitonen. Sie kritisieren den Wohlstand im Westen, beklagen den Mangel an sozialer Gleichheit sowohl im Westen wie im Osten, sehen vor allem im Osten einen Verlust an sozialer Sicherheit und wirtschaftlicher Stabilität und kritisieren im Westen das Defizit an Solidarität. Vom Westen wird ihnen dagegen mangelnde Toleranz im Umgang mit Andersdenkenden unterstellt.

Heftige Kritik an den Zuständen und den Folgen der Vereingungspolitik wird in manchen 1998 erschienenen Büchern aus Ostdeutschland geübt. Daniela Dahn beispielsweise hat ihre Reihe polemischer Bücher fortgesetzt, die insbesondere in den neuen Bundesländern auf große und wachsende Resonanz stoßen.[14] Klaus Schlesinger – literarisch anspruchsvoller und gewitzter – bläst inzwischen in das gleiche Horn.[15] In Gesprächen, bei Vorträgen und Lesungen erzählen mir in den neuen Bundesländern viele Menschen von Entfremdung und dem Gefühl, von den meisten Westdeutschen nicht für voll genommen zu werden.

Im Herbst 1998 schrieb der ostdeutsche Wissenschaftler Kai Brauer in der Wochenzeitung *Freitag*: »Ich bin Ossi. Aber – das möchte ich gleich anfügen – ich bin es keineswegs gern. Weder im Westen, wo ich seit 1990 arbeite und studiere, noch im Osten, wo ich immer noch wohne, behagt mir diese neue deutsche Ethnisierung.«[16] Von einer Selbst- und Fremdethnisierung spricht auch der Beobachter von außen, Marc Howard, im *Freitag*.[17] Im Herbst 1998 berichten *FAZ* und

Thüringer Landeszeitung von einer *emnid*-Umfrage, daß sich die Ostdeutschen bei der Frage, ob sie sich zuerst als deutsch oder als ostdeutsch verstehen, inzwischen – ganz anders als 1990 – der Bezeichnung »ostdeutsch« den Vorzug geben.

Im April 1999 befragte das Meinungsforschungsinstitut USUMA im Auftrag von Elmar Brähler und Horst-Eberhard Richter je 1000 Ost- und Westdeutsche im Alter zwischen 14 und 50 Jahren. Im Juli 1999 gaben sie die Ergebnisse der Presse und im Internet (http://www.uni-leipzig.de/~medpsy) bekannt. Ihr zugespitztes Resümee: »In pointierten Schlagworten könnte man den Unterschied der Selbstbeschreibung zwischen Ost- und Westdeutschen so ausdrücken, daß die Ostdeutschen in der Richtung von 4 P's abweichen. Sie sehen sich vergleichsweise:

- pazifistischer: Sie lehnen mit klarer Mehrheit deutsche Beteiligung an Nato-Militärschlägen ab.
- pessimistischer: Sie erwarten für sich persönlich einen Rückgang von Zufriedenheit und schätzen die gesellschaftliche Entwicklung vergleichsweise noch düsterer ein (wachsende Armutskluft, Abnahme von Gemeinschaftsgefühlen).
- passiver: Sie brauchen mehr Zuwendung und fühlen sich den gesellschaftlichen Schwierigkeiten ohnmächtiger ausgeliefert.
- paranoider: im Sinne von Argwohn. Sie haben mehr Angst vor Ausländern und suchen mehr autoritären Schutz vor der Bedrohung durch Kriminalität und Unmoral.

Dafür können sie augenscheinlich im Durchschnitt besser mit ihren Gefühlen und Wünschen in ihren persönlichen Beziehungen leben. Die These von ihrer angeblichen emotionalen Verkümmerung infolge frühkindlicher Entbehrungen stimmt nach unseren Befunden nicht.«

Noch 1999 geschehen Begegnungen wie die zwischen meinen Nachbarn und ihrer westdeutschen Verwandtschaft. Von denen wußten sie nur vom Hörensagen. Plötzlich kam ein Brief ohne Anrede, nur mit »Betreff: Erbengemeinschaft« und »Hier: Erbansprüche« und der Aufforderung, »unverzüglich lückenlose Aufklärung binnen 3 Wochen« zu geben und der Erklärung, »gemäß notarieller Auskunft« sei alles nichtig. Meine Nachbarn waren schockiert. Sie antworteten aber freundlich mit »Lieber Cousin« und gaben – etwas ironisch – ihrer Freude Ausdruck, endlich die Westverwandtschaft kennenzulernen. Dann erklärten sie, daß sie nach der Wende in Presse und Rundfunk aufgefordert worden waren, Besitzansprüche geltend zu machen, sonst würde alles Land an den Staat fallen. Sie wußten von einem Stück Land und meldeten sich auf Anraten einer Tante, schlossen einen Pachtvertrag, um so das Eigentum der Erbengemeinschaft zu sichern, und zahlten die jährliche Pacht von nicht einmal 200 DM auf ein Sonderkonto ein.

Die Antwort der Westverwandtschaft trug diesmal sogar eine Anrede: »Lieber Cousin ...«. Aber gleich im ersten Absatz stand der bemerkenswerte Satz: »Beim Geld hört die Verwandtschaft auf«. Dann beschuldigte der »liebe Cousin« meine Nachbarn, seit der Wende »einzige Nutznießer« gewesen zu sein (»Was davor lief, entzieht sich eh unserer Kenntnis«), und drohte mit gerichtlichen Schritten – dies bei einem zu erwartenden Anteil von etwa 25 Mark im Jahr.

Die Nachbarn erzählten in ihrem Betrieb davon, und – wie so oft – es stellte sich heraus, daß viele Kolleginnen und Kollegen ähnliche Erfahrungen gemacht hatten. Das Wort »Nutznießer« gefiel den Kollegen so gut, daß es zum neuen Lieblingsschimpfwort aufstieg: Wenn man jemanden wirklich beeindrucken wollte in dem Betrieb, brauchte man nur zu sagen: »Du Nutznießer, du!« Die westdeutschen Anverwandten würden sicherlich, wenn befragt, wie die meisten Westdeutschen behaupten: Es gibt kein Problem zwischen Ost- und Westdeutschland.

Viele, aber eben nicht die Mehrheit, sind auf dem Weg aus der Eskalation. Sie begreifen auftretende Schwierigkeiten als Mißverständnisse und begegnen solchen Situationen mit zunehmender Toleranz. Die meisten schwanken noch zwischen Schuldzuweisung, Akzeptanz und Verständnis. Das macht deutlich: Man muß bei der Betrachtung der heutigen Verhältnisse das Modell vom Kulturschock ergänzen durch ein Modell, das eine solche Differenzierung der Betrachtungsweisen zuläßt.

Doch davon sollen die folgenden Kapitel handeln. An dieser Stelle möchte ich noch die weiteren Phasen des Kulturschocks darstellen.

Die Phase der Mißverständnisse

In der Phase der Eskalation wird nicht ernsthaft danach gefragt, weshalb die Angehörigen der anderen Kultur so handeln, wie sie handeln. Ihre Handlungen werden einfach als falsch abgetan, lächerlich gemacht oder mit Empörung zurückgewiesen. Verständigung hat keine Chance.

Verständigung erhält erst eine Chance, wenn der anderen Seite gute Gründe für ihr Handeln unterstellt werden. Es ist der entscheidende Schritt in Richtung Toleranz und damit Verständigung, wenn man sich öffnet und für möglich hält, daß die anderen – wie man selbst – gute Gründe haben, so zu handeln, wie sie handeln. Dann werden die Schwierigkeiten in der Verständigung nicht mehr als Beweis der Böswilligkeit der anderen Seite interpretiert, sondern als Mißverständnisse, als fehlgeschlagene Versuche der Verständigung.

Dann kann man nach den Gründen für das »abweichende« Verhalten suchen und beginnen, es dadurch tatsächlich zu verstehen. Aus dem Verständnis erwachsen Toleranz und Humor, die beide der anderen Seite das Recht auf Anderssein zugestehen. Das ist die unverzichtbare Voraussetzung für die Phase der Verständigung.

In der Erstausgabe habe ich aus eigenem Erleben und aus

repräsentativen Erhebungen einige für die damalige Zeit exemplarische Mißverständnisse zusammengetragen. Wer sie in der ausführlichen Form kennenlernen möchte, sei auf den früheren Text verwiesen. Hier werde ich darauf verzichten. Statt dessen sollen in den letzten beiden Kapiteln dieses Buchs die Mißverständnisse aus heutiger Sicht beleuchtet und mit neueren empirischen Daten überprüft werden.

Die Phase der Verständigung

In der Phase der Verständigung werden Unterschiede akzeptiert, verstanden und geschätzt. Wie soll das geschehen? Es gibt mehrere Wege: der ideologische, der bayerische, der zufällige und der systematische.

Der ideologische Weg zur Verständigung

Die Vereinigung zwischen den beiden Teilen Deutschlands war geprägt von einer unreflektierten Vorstellung von Verständigung, die in Deutschland zum festen Bestandteil des »gesunden Menschenverstands« geworden ist: Wer neu hinzukommt, muß sich anpassen. Das galt für die Schulklasse, für das Ferienlager und später für den Stammtisch und den Betrieb. Warum sollte es nicht auch für die »Wiedervereinigung« gelten?

Der Begriff »Wiedervereinigung« geht noch ein Stück weiter. Er negiert jeden Unterschied. Er geht davon aus, daß die DDR lediglich eine vorübergehende Abweichung war. Verfassungsrechtlich gab es sie sowieso nicht, denn der einzige Rechtsnachfolger des Deutschen Reichs ist aus der Sicht der »Wiedervereiniger« die Bundesrepublik Deutschland gewesen. Deshalb ändert der Untergang der DDR nichts. Die Menschen in der DDR waren rechtlich immer schon Bürgerinnen und Bürger der Bundesrepublik Deutschland. Die »Wiedervereinigung« bedeutet dann nur noch, daß der bis dato herrschende Unrechtszustand verschwunden ist und

Wirklichkeit wird, was rechtlich immer schon galt. Wie verbreitet dieses Konzept in den Köpfen der Westdeutschen war, zeigte sich vor allem an dem Erstaunen darüber, wie schwierig sich der Vereinigungsprozeß gestaltete. So offenbarte sich die Annahme, einer Verständigung zwischen beiden Teilen Deutschlands bedürfe es gar nicht, weil die da drüben im Grunde so sind wie wir, die Westdeutschen. Sie müssen nur befreit werden, dann fallen sich Brüder und Schwestern in die Arme, und alles ist wie früher, als die Familie noch vereint zusammenlebte.

So wirklichkeitsfremd sich diese Position ausnimmt, so wirklichkeitsbestimmend ist sie gewesen. Bis 1991 wurde nach ihr gehandelt. Uwe Thaysen, der wissenschaftliche Begleitforscher des Runden Tischs, schrieb über die Wahlen vom 18. März 1990: »Die neue Mehrheit der Wahlberechtigten, das war die Neue Mehrheit der Straße, sah in ihrer Entscheidung für eine möglichst rest- und umstandslose Wiedervereinigung auch keinen ›Heimatverlust‹. Ganz im Gegenteil ist auf der Grundlage der demoskopischen Begleitforschung zu den Wahlen zu schließen: Die Mehrheit der DDR-Bürger wollte vorbehaltlos zum westlichen Deutschland dazugehören. Sie verband damit nicht nur materielle Interessen, sondern auch die Hoffnung, sich in dieser Zugehörigkeit selbst vollständiger wiederzufinden.«[18]

Der bayerische Weg zur Verständigung[19]

Wenn man sich nach einem geschichtlichen »Vorbild« für das umschaut, was gegenwärtig in Deutschland geschieht, stößt man je nach vorgefaßter Meinung auf Fälle von Kolonisierung, Eroberung und Übernahme. Seltsamerweise ist niemand zuvor auf das Beispiel Bayern gestoßen. Dabei ist es sehr ermutigend.

Bayern ist 1871 ähnlich in das Deutsche Reich eingegliedert worden wie 120 Jahre später die DDR in die Bundesrepublik. Zwar gab es damals eine neue Verfassung, doch fak-

tisch war es ein Beitritt zum Norddeutschen Bund, also ein
Anschluß an Preußen, und nicht zuletzt daraus entwickelte
sich bald die bis heute gültige Abneigung der Bayern gegen
alles Preußische, um nicht zu sagen: gegen alles Norddeutsche, was damals beinahe das gleiche war.

Bayern warf sich aber bei weitem nicht so begeistert in die
Arme Preußens wie die DDR in die der BRD. Noch fünf Jahre vor dem mehr oder weniger freiwilligen Zusammenschluß
zum Deutschen Reich hatte Bayern an der Seite Österreichs
auf die nachmaligen preußischen Brüder geschossen und den
Krieg gegen sie jämmerlich verloren. Nach dem nächsten
Krieg gegen Frankreich, dem sich Bayern aufgrund des Frie-
densvertrages aus dem gerade verlorenen Krieg notgedrun-
gen anschließen mußte (die preußenfeindliche Patriotenpartei plädierte für Neutralität, konnte sich aber im Parlament nicht durchsetzen), geriet Bayern unter Druck, dem
geplanten kleindeutschen Reich (ohne Österreich) unter
Führung Preußens beizutreten. Das ging beinahe schief.
Denn die Patriotenpartei hatte trotz aller Behinderungen
durch die anschlußfreundliche liberale Regierung bei den
Wahlen die Mehrheit im Parlament gewonnen. Der zustän-
dige Parlamentsausschuß verweigerte dem Anschluß die Zustimmung. Erst nach einer zehntägigen Redeschlacht stimm-
te das Plenum des Parlaments für den Beitritt zum preußisch
dominierten Norddeutschen Bund. Davor waren noch Forderungen aufgestellt worden, die neue Kaiserwürde müsse
abwechselnd dem preußischen und dem bayerischen König
zugesprochen werden. Doch daraus ist bekanntlich nichts
geworden, sonst müßten wir jetzt vom Traumkaiser Ludwig
schwärmen und Neuschwanstein auf dem Kreuzberg in Berlin besuchen.

Bayern erlebte damals vermutlich einen ähnlichen Kulturschock wie heute die neuen Bundesländer. Noch heute werden in Bayern Norddeutsche in vergleichbarer Weise als
arrogant und besserwisserisch erlebt wie die Westdeutschen

in Ostdeutschland. Aus einer solchen Perspektive wird die Geschichte Bayerns möglicherweise zum spannenden Exempel: Wie sind die Bayern damit fertiggeworden? Kann man von ihnen etwas für die heutige Situation lernen?

Die Abneigung gegen den Staat, dem sie einverleibt worden waren, trieb im Bayern des Kaiserreichs die seltsamsten Blüten. Weil die Monarchen (bzw. der Prinzregent) so preußenhörig waren, wurden die kreuzkonservativen und eigentlich monarchistischen Bayern nach und nach antimonarchistisch und revolutionär. Die Opposition gegen das zentralistische Preußen war stärker als die Liebe zu ihrem »Kini«. Kurt Eisner konnte deshalb mit einer Handvoll Leuten am 7. November 1918 die Republik ausrufen, und der König trat auch brav zurück. Niemand kämpfte für ihn. Die Bayern duldeten aus lauter Opposition gegen die preußenfreundliche Politik ihrer bisherigen Regierungen sogar ein sozialistisches Räteexperiment.

Zeitgleich zum Räteexperiment gewannen die katholischen Konservativen mit der pikanten Parole »Bayern den Bayern« die ersten allgemeinen, gleichen und freien Wahlen in Bayern. Die außer Kontrolle geratene, antipreußische Revolutionsregierung in München, die gerade dabei war, die Sowjetrepublik Bayern auszurufen, konnte nur durch Truppen der Reichsregierung niedergeschlagen werden, die allein in München mehr als 700 Menschen umbrachten.

Um nicht weiter von Berlin abhängig zu sein, stellte die von der SPD geführte damalige bayerische Landesregierung, die nach Bamberg geflüchtet war, ab Mai 1919, also mitten im Frieden und gegen alle Festlegungen der Weimarer Verfassung wie auch des Versailler Vertrags, eine eigene Armee auf, die Ende 1919 schon über 200 000 Mann stark war und täglich weiter wuchs. »Hinter diesen Zahlen verbargen sich mobile Korps, in Divisionsstärke und mit schweren Waffen ausgestattet, die direkt der Landesleitung unterstanden.«[20]

Bayern hatte sich inzwischen erneut gewandelt. Nun, da

Regierung und Volk die Ablehnung der Reichspolitik einte, waren alle antimonarchistischen und revolutionären Einstellungen verschwunden und hatten wieder einem urbayerischen Konservativismus Platz gemacht, der nun aber zunehmend mit rechtsradikalen, rassistischen Einsprengseln durchsetzt war. Die Bayerische Volkspartei hätte am liebsten die Monarchie wieder eingeführt, nur der dafür ausersehene Monarch wollte nicht recht mitmachen.

Als Berlin, gedrängt von den Alliierten, die Auflösung der Bürgerwehren forderte, gab Bayern ihnen schlicht einen anderen Namen und meldete nach Berlin, daß es die aufzulösenden Einheiten nicht mehr gebe. Als die Reichsregierung weiter insistierte, zog sich die bayerische Regierung aus allen Reichsgremien zurück und kündigte damit de facto die Zusammenarbeit mit dem Reich auf. Über ein Jahr zog sich diese Farce hin.

Man stelle sich das für die neuen Bundesländer vor. Um nicht von der westlich kontrollierten Bundeswehr und dem Bundesgrenzschutz abhängig zu sein, aktivieren die neuen Länder, die mit dem Dritten Weg liebäugeln, die NVA und rufen Freiwillige auf, sich zu Bürgerwehren unter Leitung von NVA-Offizieren zusammenzuschließen. Diese Privatarmee erzwingt in den einzelnen Ländern die Besetzung der Regierungsämter mit ihr genehmen Leuten, alten Parteikadern, Stasi- und NVA-Offizieren. Anweisungen der Bundesregierung, die Verbände aufzulösen, leisten die neuen Landesregierungen erst Folge, nachdem ihnen der Einmarsch der Bundeswehr angedroht worden ist, und selbst dann noch treiben sie ihren Spott mit der Zentralmacht, boykottieren die Bundesgremien und geben den verbotenen Einheiten immer neue Namen und Funktionen, um immer wieder sagen zu können, diese Verbände gebe es schon lange nicht mehr.

Die Bayern trieben es noch bunter: Als rechte Kommandos die Berliner Politiker Erzberger und Rathenau ermordeten, wurden in Berlin Republikschutzgesetze mit zentralen

Instanzen beschlossen, um die bayerischen Stellen auszuschalten, die mit den Mördern sympathisierten. Bayern weigerte sich, diese Gesetze zu vollziehen, und setzte den Reichsinstanzen eigene, rein bayerische Bestimmungen entgegen. Anstatt einzumarschieren, verhandelte die Reichsregierung und gab nach.

Übertragen auf die heutige Situation wäre das, als ob die neuen Bundesländer dem Bundeskriminalamt den Zutritt verweigern und sich aus der Verfolgung linker und rechter Terrorgruppen mit der Begründung ausklinken würden, solche Zentralinstanzen verletzten das grundgesetzlich festgelegte Prinzip des Föderalismus.

Als die Reichsregierung 1923 den *Völkischen Beobachter* in München wegen Hetze gegen die Republik und Beleidigung des Reichspräsidenten schließen wollte, weigerte sich die bayerische Regierung erneut, dieses Verbot durchzusetzen, und duldete statt dessen wohlwollend jene Kräfte, die einen »Marsch auf Berlin« planten und Deutschland von Bayern aus »retten« wollten. Es waren untergeordnete Instanzen, die sich dem Marsch entgegenstellten und ihn mit Waffengewalt auseinandertrieben. Die bayerische Staatsspitze hatte sich zuvor von dem Putschisten Hitler halb zögernd, halb freudig erpressen lassen.

Übertragen auf die heutigen Verhältnisse in den neuen Bundesländern wäre das, als ob sich ostdeutsche Regierungen (möglicherweise in Koalition mit der PDS) weigerten, Bundesgesetze anzuwenden, die ihnen nicht behagten. Die Bundesregierung verbietet darauf das Zentralorgan *Neues Deutschland.* Die PDS-Regierungen ignorieren die Anweisung und drohen statt dessen mit einem Marsch auf die Bundeshauptstadt.

Erst im Juli 1924, als es beinahe zum Krieg zwischen Bayern und der Zentralregierung gekommen war, gab der neue Ministerpräsident Bayerns mit dem programmatischen Namen Held nach. Er erklärte die Treue Bayerns zum Reich, ließ ab von den spektakulären Aktionen der Inflationsjahre und kehrte zurück zu der zwischen Berlin und München aus der Kaiserzeit gewohnten knirschenden Zusammenarbeit.

Der Haß auf jeden Zentralismus ließ Bayern einen weiteren historischen Purzelbaum mit einer erneuten grotesken Verwandlung vollführen: Weil der Notstandskanzler von Papen sich mit Hitler gutstellen wollte, putschte er am 20. Juli 1932 gegen Preußen, löste die demokratisch gewählte preußische Regierung auf und ersetzte sie durch Staatskommissare. SS und SA konnten jetzt ungehindert die Straßen Berlins beherrschen. Ausgerechnet Bayerns Ministerpräsident Heinrich Held kam in dieser Situation seinem traditionellen Erzfeind Preußen zu Hilfe, protestierte im Reichsrat und reichte beim Reichsgericht eine Klage gegen die Reichsregierung ein. Zu Recht befürchtete die bayerische Staatsregierung, daß sie als nächste an der Reihe sein würde.

Als es nach der Machtergreifung Hitlers soweit war und auch Bayern gleichgeschaltet werden sollte, verwandelte sich die Regierung Bayerns unter Ministerpräsident Held in eine Widerstandsorganisation. Zuerst plante sie, den alten Kronprinzen Rupprecht zum Generalkommissar oder gar zum bayerischen König auszurufen und die Unabhängigkeit Bayerns vom Deutschen Reich zu erklären. Diesmal allerdings machte das bayerische Militär nicht mit. Die Regierung Held hielt dennoch bis zuletzt an ihrer Rechtsauffassung fest und lenkte an keinem Punkt ein. Ein Ultimatum der nationalsozialistischen Zentralregierung an die Bayerische Regierung am 10. März 1933, sich freiwillig selbst aufzulösen, andernfalls werde sie mit Gewalt beseitigt, lehnte Held schlichtweg ab und hielt die Stellung. Erst nach der Besetzung Münchens durch die SA am 15. März flohen die Mitglieder der Regierung in die Schweiz. Sie verhinderten damit für Bayern das, was den Nazis sonst so gut gelungen war: der scheinlegale Übergang in die Diktatur.

Durch alle politischen Wechselfälle hindurch behielten die Bayern ihre kulturelle Eigenart stur bei und legten sich mit jeder Instanz an, die ihnen diese streitig machen wollte, egal ob es die eigene Staatsregierung, die Zentralregierung oder die Nazis waren. Diese kulturelle Sturheit, die keine Veränderung, vor allem keinen Eingriff von außen dulden wollte, führte auch nach dem Krieg bei der Gründung der Bundesrepublik Deutschland zum Konflikt. Weil ihnen das Grundgesetz nicht föderalistisch genug war, stimmten sechs von acht Vertretern der CSU im Parlamentarischen Rat, der das Grundgesetz entworfen hatte, gegen die Annahme des Grundgesetzes. Auch im Bayerischen Landtag wurde das Grundgesetz mit 101 gegen 64 Stimmen verworfen. Nur wenn alle anderen Länder es annehmen würden, so beschloß der Landtag, würde sich auch Bayern dazu bequemen.

Während der gesamten Zeit der alten Bundesrepublik behielt Bayern seine eigene Partei, die CSU, und beanspruchte in Bonn eine Sonderrolle, unter Franz-Josef Strauß manchmal sogar – wie in der Weimarer Republik – die Führungsrolle. Von allen Parteien kritisiert heute ausgerechnet die Regionalpartei CSU am schärfsten und mit großem demokratischem Pathos die Existenz einer ostdeutschen Regionalpartei.

Die neuen Bundesländer können sich eine Menge Querköpfigkeit und Eigenbrötlerei leisten, bevor sie auch nur in die Nähe dessen kommen, was sich Bayern in den letzten 120 Jahren geleistet hat. Offensichtlich ist ein Gemeinwesen belastbarer, als man im aktuellen Zeitgeschehen anzunehmen geneigt ist. Aus der Distanz der Geschichte wird deutlich, daß Verstöße gegen Recht und Solidarität, anhaltende Ablehnung und bockige Selbstbehauptung den langfristigen Integrationsprozeß nicht verhindern müssen. Trotz aller Eskapaden und Ungeheuerlichkeiten, trotz der Rechtsbrüche und Erpressungen, die sich Bayern in der Geschichte erlaubt hat, ist der »Freistaat« heute ein zwar belächeltes, manchmal auch heimlich bewundertes, in jedem Falle aber gleichberechtigtes Bundesland der Bundesrepublik geworden.

Das Beispiel Bayern zeigt: Auch wenn kulturelle Unterschiede über lange Zeit bestehen bleiben, kann man dem Prozeß mit Ruhe und Gelassenheit entgegensehen. Die neuen Bundesländer können eine eigenständige, von den westlichen Bundesländern unterschiedene Kultur behalten. Auch zwischen Ost- und Westdeutschland, wie schließlich zwischen Bayern und dem Rest der Welt, werden sich Humor und Toleranz einstellen. Dazu müssen jedoch einige Bedingungen erfüllt sein.

Der zufällige Weg zur Verständigung

Lange Zeit wurde davon ausgegangen, daß es zur Verständigung genüge, die Menschen zusammenzubringen. Leider hat die Geschichte vielhundertmal gezeigt, daß engster Kontakt zwischen Menschen sie nicht daran hindert, sich gegenseitig umzubringen.

Deshalb wurde in den siebziger Jahren in den USA genauer untersucht, unter welchen Kontaktbedingungen eine Verständigung zustande kommen kann.

Voraussetzungen der Verständigung[21]

- wenn beide Gruppen gleichen Status haben oder die Minderheit den höheren Status hat
- wenn die Autorität sich für den Kontakt einsetzt
- wenn der Kontakt eng und beständig ist und sich auf wichtige Verhaltens- und zentrale Erlebnisbereiche bezieht
- wenn der Kontakt beiden Seiten zum Vorteil gereicht
- wenn der Kontakt angenehm und förderlich ist
- wenn es gemeinsame Ziele gibt, die es erforderlich machen, andere Unterscheidungskategorien als die der Gruppenzugehörigkeit zu bilden (überlappende Kategorisierungen)

- wenn die Kontaktziele und Ergebnisse des Kontaktes wichtiger sind als trennende Ziele
- wenn ein positives soziales Klima vorhanden ist.

Ganz offensichtlich ist die erste Bedingung für Verständigung (»Wenn beide Gruppen gleichen Status haben oder wenn die Minderheit den höheren Status hat«) nicht erfüllt. Die Minderheit, die in der DDR aufgewachsenen Ostdeutschen, hat, nach Einkommen, Vermögen, Karrieremöglichkeiten und Ansehen, den niedrigeren Status.

Dafür ist die zweite Bedingung erfüllt: »Wenn die Autorität sich für den Kontakt einsetzt.« Alle Parteien und hohen Amtsinhaber setzen sich unermüdlich für die Vereinigung und Verständigung ein. Es ist in Westdeutschland nirgendwo eine politische Autorität zu sehen (wenn man von gelegentlichen – allerdings vor allem für die heimischen Wähler gedachten – Ausfällen der bayerischen Staatsregierung absieht), die sich als Retter der Westdeutschen vor den Ansprüchen der Ostdeutschen präsentiert.

»Wenn der Kontakt eng und beständig ist und sich auf wichtige Verhaltens- und zentrale Erlebnisbereiche bezieht« – mit dieser Bedingung sieht es schlecht aus. Laut einer repräsentativen Untersuchung 1998 durch Emnid haben nur 33 Prozent der Westdeutschen Ostdeutschland besucht, aber 67 Prozent der Ostdeutschen waren schon privat im Westen.[22]

Ob die Bedingung »Wenn der Kontakt beiden Seiten zum Vorteil gereicht«, erfüllt ist, kann man für beide Seiten nicht entscheiden. Die Menschen in Westberlin haben ökonomisch durch die Vereinigung bis zur Hälfte ihres Nettoeinkommens verloren[23], massive Billigkonkurrenz aus dem sie umgebenden »Osten« bekommen, dafür Bewegungsfreiheit gewonnen und den zweifelhaften Vorteil, Hauptstadt geworden zu sein. Zwar geben laut *emnid* 1998 zwei Drittel der Ostdeutschen an, daß es ihnen seit der Vereinigung besser gehe. Bei der Beurteilung des Vorteils ist aber entscheidend, womit man sich vergleicht. Richtet sich der Vergleich auf die eigene Vergangenheit, müßten wenigstens die zwei Drittel zufrieden sein, die selbst meinen, daß es ihnen jetzt besser gehe. Richtet sich der Vergleich aber auf den Lebensstandard der Westdeutschen, der ihnen versprochen worden ist, dann bleiben sie die Unterprivilegierten und Bürger zweiter Klasse. Je nachdem, woran sie sich messen, beantworten sie die Frage, ob der Kontakt zum Vorteil gereicht, mit ja oder nein. Und je nachdem, welche Blickrichtung dominiert, sind sie zu Zugeständnissen bei Tarifverhandlungen bereit oder nicht. Das macht den westlichen Gewerkschaften die Solidarität mit ihrer ostdeutschen Mitgliedschaft so schwer. Bei den Westdeutschen sind drei Viertel der Meinung, die Vereinigung habe ihnen mehr Nachteile als Vorteile gebracht.[24] Einigen hat sie die Chance ihres Lebens geschenkt – wie zum Beispiel mir. Viele haben riesige Profite eingefahren. Viele andere sind schmählich gescheitert.

Von den drei letzten Bedingungen der Tabelle trifft nur zu: »Wenn die Kontaktziele und Ergebnisse des Kontakts wichtiger sind als trennende Ziele.« Denn die wirtschaftliche und soziale Entwicklung hängt für beide Teile, wenn auch für die neuen Bundesländer viel mehr als für die alte BRD, an den Kontaktzielen und ihren Ergebnissen. Die Kooperation ist unvermeidlich und für den Osten überlebensnotwendig.

Am wichtigsten ist die Bedingung: »Wenn es gemeinsame Ziele gibt, die es erforderlich machen, andere Unterscheidungskategorien als die der Gruppenzugehörigkeit zu bilden (überlappende Kategorisierungen)«. Wo Menschen aus Ost- und Westdeutschland zusammenarbeiten, kommt es in den meisten Fällen zu einer beglückenden Verschiebung der Wahrnehmung. Die gemeinsame Aufgabe tritt in den Vordergrund. Sie entfaltet ihre eigenen Kriterien. Sie handeln von Zuverlässigkeit und Einsatzfreude, von Substanz und Qualität. Vor ihnen verliert Gruppenzugehörigkeit an Bedeutung. Sie taucht schließlich nur noch in Witzen und Biersprüchen auf.

Das Tragische ist, daß die neue Gemeinsamkeit meist allein der Sache gutgeschrieben wird. Trennende Sichtweisen und die Einteilung nach Gruppenzugehörigkeit liegen wie gefesselte Giganten in der Ecke, bleiben dort lebendig und unwiderlegt. Beim nächsten Konflikt, der sich als Gruppenkonflikt darstellen läßt, werden sie entfesselt, und die alte trennende Sichtweise ist sofort wieder da und kann leicht alles dominieren. Das jüngste, schreckliche Beispiel dafür sind die Kriege in Jugoslawien nach jahrzehntelangem friedlichen Miteinander.

Ob der Kontakt angenehm und förderlich ist und ob ein positives soziales Klima herrscht, hängt vor allem von den beteiligten Personen ab, dürfte aber nur ausnahmsweise eine Frage des Verhältnisses zwischen Ost und West sein. Wenn es schief läuft und der Kontakt zwischen den Beteiligten unangenehm und das soziale Klima kaum erträglich ist, wird dies als Ost-West-Konflikt interpretiert. Verstehen sich die Beteiligten, wird es auch hier den einzelnen beteiligten Personen gutgeschrieben. Auf diese Weise kann ein Vorurteil trotz täglicher Widerlegung lebendig bleiben.

Eskalationsbeispiele aus aller Welt zeigen, daß im Konfliktfall – wie etwa im Kosovo – mit jeder neuen Eskalationsstufe die guten Erfahrungen mit einzelnen Menschen vergessen oder gar verleugnet werden. Nachbarn, Freunde und Kollegen von einst verwandeln sich in Angehörige der verhaßten Gruppe und werden schließlich ausgeplündert, vergewaltigt und abgeschlachtet wie all die unbekannten anderen. In Jugoslawien, wo ähnlich den Matrjoschkas in jeder Mehrheit eine Minderheit steckt, unterdrückte jede Mehrheit ihre Minderheit und rief so die Schutzmacht dieser Minderheit auf den Plan. Das Resultat zeigt: Zur Verständigung zwischen den Angehörigen zweier oder mehrerer Gruppen bedarf es mehr als des bloßen Kontakts oder zeitweiser günstiger Bedingungen.

Der systematische Weg zur Verständigung

In der wissenschaftlichen Literatur wurde Kulturschock sehr
lange ausschließlich als eine Art Krankheit behandelt, die es
zu vermeiden gilt und die man, falls dies nicht gelingt, so
schnell und spurlos wie möglich hinter sich zu bringen hat.
Erst spät wurde gesehen, daß Kulturschock auch »eine positive und schöpferische Kraft«[25] sein kann, die den Lernpro-
zeß über die eigene und fremde Kultur anregt, vorantreibt
und oft genug erst möglich macht.

Wenn der Prozeß nicht in der Ablehnung der fremden
Kultur und der reaktiven Überbewertung der eigenen stek-
kenbleibt oder gar wie in Jugoslawien in den alle Vernunft
verschlingenden Strudel der Rache-Eskalation gerät, dann ist
der Kulturschock die Grundlage für interkulturelles Lernen,
das gleichzeitig zu größerem Wissen über sich selbst und zu
persönlicher Weiterentwicklung führt. Paul Pedersen[26] berichtet von Forschungen, die zeigten, daß Personen, die einen
intensiven Kulturschock erlebt hatten, danach in der jeweiligen Kultur produktiver und effektiver funktionieren konnten als solche, die nur einen milden oder gar keinen Kulturschock erlebt hatten.

Furnham und Bochner[27] leiten den Kulturschock daraus
ab, daß die Kommunikation in der interkulturellen Begegnung nicht klappt, weil die Teilnehmer die Spielregeln zweier
unterschiedlicher Spiele verinnerlicht haben, sie für selbstverständlich halten und auch für den anderen Spieler deren
Gültigkeit annehmen. Sie schließen daraus, daß sich der Kulturschock nur überwinden läßt, wenn, erstens, anerkannt
wird, daß es sich um unterschiedliche Spielregeln handelt,
von denen keine allgemeine Gültigkeit besitzt, und wenn,
zweitens, beide Teilnehmer bereit sind, die Spielregeln des
anderen zu erlernen.

Schon in einem internationalen Handbuch zur interkulturellen Kommunikation von 1979 werden zwei Regeln
für das interkulturelle Lernen aufgestellt: »Wenn Angehörige

unterschiedlicher Normensysteme interagieren, wird eine solche Kommunikation interkulturell. [...] Deshalb ist die erste Regel der interkulturellen Kommunikation, daß jeder Teilnehmer die Normen der anderen verstehen sollte. Dieses Verständnis sollte jedem Versuch einer interkulturellen Kommunikation vorangehen. Weil die Techniken der Kommunikation Ausdruck des eigenen Normensystems sind, kommunizieren die Teilnehmer unterschiedlich. Die zweite Regel ist, daß jeder seinen Kommunikationsstil an die Normen der anderen Seite anpassen sollte.«[28] Furnham und Bochner erklären dies an dem Beispiel des wohlerzogenen Engländers, der in Tokio lernt, sich wie die dortigen Geschäftsmänner den Weg in die U-Bahn-Waggons mit Stoßen und Rempeln freizudrängeln, aber in London weiterhin für die U-Bahn brav Schlange steht.

In immer mehr Bereichen der Gesellschaft wird interkulturelles Lernen ohne Ausrichtung auf eine spezifische Kultur zum festen Bestandteil von Aus- und Weiterbildung: Bei sogenannten Entwicklungshelfern, dem Personal internationaler Firmen, in Workshops antirassistischer Gruppen, in Schulen und in vielen Bereichen der Sozialarbeit. Interkulturelles Lernen wird zum eigenständigen Ziel, unabhängig von einem bestehenden Kulturkonflikt. Ziel ist eine allgemeine interkulturelle Kompetenz, die Günter J. Friesenhahn so beschreibt: »Interkulturelle Kompetenz besteht nicht nur aus Wissen, sondern auch aus Persönlichkeitsmerkmalen wie Empathie, der Fähigkeit, zeitlich parallel auftretende unterschiedliche Erwartungen auszuhalten (Ambiguitätstoleranz), Offenheit, Kommunikationsfähigkeit in unterschiedlichen Settings, Flexibilität im Umgang mit Rollen, Streßtoleranz, Konfliktfähigkeit, Kreativität bei Konfliktlösungsversuchen. Das Entscheidende ist meines Erachtens: Diese Kompetenz ist lernbar.«[29]

Es besteht also die begründete Hoffnung, daß Impulse, interkulturelles Lernen in Aus- und Weiterbildung einzubringen, aus den unterschiedlichsten Richtungen so zusammenwirken, daß das Erlernen interkultureller Kompetenz bald Bestandteil dessen ist, was in Ost- und Westdeutschland »Bildung« heißt. Wenn dabei auch nur ein Aspekt der von Friesenhahn beschriebenen Fähigkeiten Allgemeingut würde, wäre damit nicht nur der Kulturschock Deutschland gelöst.

Bis dahin bleibt, die Phasen des Kulturschocks nacheinander zu durchlaufen und sich selbst ein Verständnis beider Kulturen zu erarbeiten.

2. Kapitel

Die materiellen Ursachen

Man kann der Behauptung, es handle sich bei den Schwierigkeiten zwischen den neuen und den alten Bundesländern um
die Folgen eines Kulturschocks, »Kulturalismus« vorwerfen.
Probleme, die mit Kultur eigentlich nichts zu tun haben,
würden als bloß kulturell ausgegeben und damit zugleich ver-
harmlost und gegen Veränderung immunisiert, indem so getan wird, als müsse man sie als unveränderbar, weil in der
Mentalität der Menschen liegend, hinnehmen.

Die Armut in den sogenannten Entwicklungsländern wäre
demnach kein Ergebnis der fortgesetzten Unterbewertung
der dortigen Währungen, sondern ein Resultat der »Kultur
der Armut«: Unzuverlässigkeit, unzureichendes Zukunfts-
denken, Verbrauchsmentalität, Zurückgebliebenheit. Dann
hätte die Armut dort nichts mehr mit dem Reichtum hier zu
tun. Es bestünden auch kaum Handlungsmöglichkeiten,
denn wie sollte man alltagskulturelle Einstellungen gezielt
verändern können. So kann »Kulturalismus« die ideologische
Rechtfertigung liefern für das Fortbestehen herrschender
Zustände. Es ist, als verpaßte man jemandem eine Ohrfeige
und wertete sein Klagen darüber als typisches Zeichen einer
Jammerkultur.

In diesem Sinne könnte man mit Daniela Dahn zum Beispiel so argumentieren[1]: Die gesamte Industrie ist mit der
Währungsunion zerstört, die Reste sind an Westdeutsche verkauft worden; alle Institutionen, die Gerichte, die Parteien,
die Regierungen, die Verwaltungen sind durch Westdeutsche

ersetzt worden. Westdeutsche, die daheim nichts mehr werden konnten, wurden an die Spitze der neuen Einrichtungen
gesetzt. Nach Westdeutschland Geflüchtete oder ihre Nich-
ten und Enkel, die allesamt in Westdeutschland wie die Ma-
den im Speck gelebt haben, kommen in die neuen Bundesländer und eignen sich die Häuser und Grundstücke an, die sich
die Menschen, die hier geblieben sind, durch schwere Arbeit
und unter schwierigen Bedingungen in der DDR zur Heimat
gemacht haben. Das Leben in der DDR wird gerade von denjenigen als falsch und feige abgetan, die es in ihrem westlichen
Wohlstand und ihrer dortigen demokratischen Unbeküm-
mertheit nie nötig hatten, gegenüber einer sie nötigenden
Obrigkeit Mut zu beweisen oder den Mund auch dann auf-
zumachen, wenn es für sie selbst und ihre Familie schwere
Nachteile brachte.

All dies geschah und geschieht in der materiellen Wirklichkeit und nicht als kulturelles Mißverständnis. Aber der Ärger
und die Enttäuschung über solche Zumutungen werden vom
Wessi Wagner als Kulturschock bagatellisiert. Der werde sich
verlieren, wenn sich die Ostdeutschen endlich an die neuen
Verhältnisse gewöhnen, für die Westdeutschen genügend
Verständnis aufbringen und sich anpassen. So zu reden, sei
falsches Bewußtsein, das illegitime Herrschaft rechtfertigen
wolle, die Ideologie des »Kulturalismus« eben. Man müsse
statt dessen nach den *materiellen Ursachen* des Kulturschocks fragen und sie scharf von den *kulturellen Wirkungen*
unterscheiden.

Dies möchte ich an den Veränderungen im Arbeitsprozeß
vorführen. An diesem Beispiel werde ich untersuchen, ob die
kulturelle Seite des Konflikts tatsächlich nur ein Reflex der
materiellen ist. Die materiellen Veränderungen im Bereich
Wirtschaft und Arbeit werden immer wieder angeführt als der
eigentliche Grund für die gegenwärtigen Schwierigkeiten, für
Ausländerfeindlichkeit, Westfeindschaft und Rechtsradikalismus in den neuen Bundesländern. Das gilt es zu überprüfen.

Die Bedeutung der Arbeit

Ohne Zweifel gab es in der Bewertung der Arbeit und ihrer Bedeutung für das alltägliche Selbstbewußtsein einen deutlichen Unterschied zwischen der Bundesrepublik und der DDR. Auch heute noch kann man diesen Unterschied in repräsentativen Befragungen ermitteln. Bei der Allbus-Befragung 1998 gaben nur 37,4 Prozent der Westdeutschen die Arbeit als »sehr wichtig« an, aber 52,9 Prozent der Ostdeutschen. Bei keinem anderen von Allbus erfragten Lebensbereich ist die Kluft so ausgeprägt.

Eine Befragung von Thomas Gensicke von 1998 zeigte bei den Ostdeutschen eine stärkere Orientierung auf »Fleiß und Ehrgeiz, Ordnung und Sicherheit, Disziplin und Pflichterfüllung« als bei den Westdeutschen. In Westdeutschland führten Studentenrevolte, Wohlstand und der erfolgreiche gewerkschaftliche Kampf um Arbeitszeitverkürzung zu einer insgesamt viel stärker auf Genuß ausgerichteten und gegenüber Pflicht und Normerfüllung eher kritischen Lebenseinstellung.[2] An der Spitze der gesellschaftlichen Werteorientierung steht in Ostdeutschland auch heute noch Arbeit, gefolgt von sozialer Sicherheit, Gerechtigkeit und Gleichheit.[3]

Dieser Unterschied hat sowohl kulturelle als auch materielle Ursachen.

Materiell war die DDR gegenüber Westdeutschland von Anfang an benachteiligt. Große Teile ihres Gebiets waren schon vor dem Krieg das Armenhaus der Nation. Nach dem Krieg demontierte die siegreiche Sowjetunion in viel größerem Umfang Industrieanlagen als die Westmächte. Gleichzeitig flüchtete das Kapital, wo es nur konnte, nach Westen und zog einen Großteil des qualifizierten Personals nach. So war die DDR von Anbeginn eine Mangelgesellschaft und blieb es, mit Schwankungen zwar, aber im Grunde während ihrer gesamten Existenz. In Mangelsituationen bleibt die Arbeit erstes Mittel zur Verbesserung der Lebensumstände. So hielten und entwickelten sich Netzwerke nachbarschaftlicher Arbeitshilfe, die im Laufe der Zeit eher an Bedeutung gewannen als verloren. Häufig boten sie die einzige Gelegenheit, an Güter und Dienstleistungen zu kommen. Wolfgang Engler spricht in seinem außerordentlich aufschlußreichen und lesenswerten Buch *Die Ostdeutschen – Kunde von einem verlorenen Land* von der DDR als der »arbeiterlichen Gesellschaft«.[4]

Solche materiellen Zustände hatten selbstverständlich unmittelbare kulturelle Folgen. In einer Mangelgesellschaft entwickelt sich keine postmaterielle Wertorientierung wie im Westen. Im nachbarschaftlichen Netzwerk zählt der zuverlässige, kenntnis- und einfallsreiche Arbeiter und Beschaffer und nicht der demonstrative Hedonist. Die Abhängigkeit voneinander erzeugt neue kulturelle Muster in der gegenseitigen Wahrnehmung bei aller – auch in der DDR vorhandenen – Konkurrenz um Ansehen und Prestige. Wolfgang Engler beschreibt das so: »Es sollte einem nicht schlechter gehen als den anderen, besser nur insoweit, als es nicht den berechtigten Neid der Umwelt erregte. (...) Ein jeder blickte eifersüchtig auf die über ihm, voll echten Mitgefühls auf die unter ihm Stehenden, stets darauf bedacht, schroffe Unterschiede zu mildern, wenn möglich auszugleichen, und sei es unter Preisgabe eigener Vorteile.«[5] Kulturell war die DDR eine Gesellschaft der Gleichheit, doch war dies materiell bedingt durch die wechselseitige Abhängigkeit.

Der Mangel insbesondere an Arbeitskräften – nach den großen Fluchtbewegungen der fünfziger Jahre – machte es für die DDR zur Überlebensfrage, möglichst alle zur Arbeit anzuhalten. Darauf war sie schon ideologisch festgelegt. Als sozialistische Gesellschaft, die sich auf Marx, Engels, Lenin berief, stellte sie sich in eine philosophische Tradition, die Arbeit zum Zentrum des Lebens erklärte.

Marx behauptete zwar, er habe Hegel auf die Füße gestellt, doch blieb bei dieser Drehbewegung das Zentrum, die Arbeit, unberührt: Für Hegel war es die Arbeit des Begriffs, aus der sich die Selbsterkenntnis und damit die Selbstverwirklichung der Menschheit ergab. Für Marx war die Arbeit der »Stoffwechselprozeß zwischen Mensch und Natur« und galt als Instrument der Selbsterschaffung des Menschen. Der Mensch wurde für beide erst zum Menschen, wenn er sich in dem Ergebnis seiner Arbeit anschaut. Beide entwickelten aus Mängeln in diesem Aneignungsprozeß ihre Hauptkritik am Bestehenden: die Entfremdung. Für Marx sollte diese im Kommunismus aufgehoben werden.

Es entspricht dem deutsch-französischen Klischee, wonach die Deutschen leben, um zu arbeiten, während die Franzosen arbeiten, um zu leben, daß der in Kuba geborene und in Frankreich aufgewachsene Schwiegersohn von Marx, Paul Lafargue, gegen seinen deutschen Schwiegervater *Das Recht auf Faulheit (Widerlegung des ›Rechtes auf Arbeit‹ von 1848)* verkündete: »Eine seltsame Sucht beherrscht die Arbeiterklasse aller Länder, in denen die kapitalistische Zivilisation herrscht, eine Sucht, die das in der modernen Gesellschaft herrschende Einzel- und Massenelend zur Folge hat. Es ist dies die Liebe zur Arbeit, die rasende, bis zur Erschöpfung der Individuen und ihrer Nachkommenschaft gehende *Arbeitssucht*. Statt gegen diese geistige Verirrung anzukämpfen, haben die Priester, die Ökonomen und die Moralisten die Arbeit heiliggesprochen. (...) Will man in unserem zivilisierten Europa noch eine Spur der ursprünglichen Schönheit des Menschen finden, so muß man zu den Nationen gehen, bei denen das ökonomische Vorurteil den Haß wider die Arbeit noch nicht ausgerottet hat.«[6] Die DDR war sicherlich keine solche Nation. Im Gegenteil, während für Lafargue das Ziel des Sozialismus die Abschaffung der Arbeit war, schloß sich die DDR ganz und gar der Devise von Marx aus seiner *Kritik des Gothaer Programms* an, wonach im Kommunismus die Arbeit »nicht nur Mittel zum Leben, sondern selbst das erste Lebensbedürfnis« sei.[7]

Sowohl materiell wie kulturell hatte die Arbeit in der DDR wenigstens seit Mitte der siebziger Jahre einen sehr viel höheren Stellenwert als in Westdeutschland. Veränderungen im Bereich der Arbeit mußten demnach schwerer wiegen als in Westdeutschland.

Die ökonomischen Gründe des Kulturschocks

Nicht nur der kulturelle Stellenwert der Arbeit in der Gesellschaft und die subjektive Bedeutung der Arbeit für das Selbstbewußtsein entwickelten sich zwischen West- und Ostdeutschland auseinander. Die Arbeitsabläufe selbst unterschieden sich mehr und mehr.

Dafür gab es drei Gründe, die je nach Branche und Betrieb unterschiedliches Gewicht hatten:

1. Das System:
In der zentral gesteuerten Planwirtschaft hatten Preise und Zinsen ihre wirtschaftliche Funktion als Ausdruck von Ungleichgewichten in Angebot und Nachfrage verloren. Sie zeigten weder wirklichen Erfolg oder Mißerfolg noch Knappheit oder Überfluß an. Die Konsequenz für den Arbeitsprozeß war, daß er den Kontakt zum Markt verlor und nicht mehr auf Konkurrenz und Kostendruck reagieren mußte. Zwar wurden Mangelsituationen durch politischen Druck weitergegeben. War ein Betrieb aber für die Propaganda oder für eine Kampagne von zentraler Bedeutung, konnte der Bezug zu Kosten und Nutzen ganz entfallen.[8]

2. Die Politik:
Das Marktregulativ von Angebot und Nachfrage wurde durch politische Vorgaben ersetzt. Marx' zentrale Kritik am Kapitalismus war, daß nicht mehr der Mensch, sondern der

gegen menschliche Bedürfnisse unabhängig gewordene Kon-
kurrenzmechanismus des Kapitals Produktion und gesellschaftlichen Verkehr bestimme. In der gesellschaftlichen Produktion sollte der Mensch wieder Herr seines Schicksals
werden. Nicht allein ökonomisches Denken sollte die Produktion leiten, sondern gesamtgesellschaftliche Interessen.
Da diese in der DDR von der Parteispitze als Plan vorgege-
ben wurden, setzten sich neben ökonomischer Rationalität
politische Prioritäten durch. Dazu wurden diverse Kontrol-
len und »ökonomische Hebel« ersonnen. Parallel dazu gab es
politische Einzelentscheidungen, die zum Zwecke der Propaganda oder aus anderen Gründen getroffen wurden und die
gegen jede ökonomische Rationalität und gegen alle technischen Notwendigkeiten in den Arbeitsprozeß eingriffen und
ihn gründlich und oft unter Zeitdruck umgestalteten.

3. Die »Havarie«:
Dieses Wort, das laut Lexikon die Beschädigung eines Schiffs
oder seiner Ladung anzeigt, wurde in der DDR zum Sammel-
begriff für alle Schwierigkeiten: Materialermüdung, Unfälle,
Liefer- und Koordinationsprobleme ... alles, was schiefging,
war »Havarie«.

»Havarien« konnten zum wesentlichen Element des Ar-
beitsprozesses werden. So ergab eine repräsentative Befragung nach der Öffnung der Mauer (als es die DDR noch gab):
49,6 Prozent der Befragten erinnerten sich, daß in der DDR
täglich mehr als eine Stunde die Arbeit wegen defekter Maschinen und wegen Materialmangels stillstand. Daß die Arbeit täglich drei bis vier Stunden stillstand, meinten in der Industrie 14,3 Prozent, in der Landwirtschaft 22,5 Prozent und
in der Bauwirtschaft sogar 23,3 Prozent der Befragten.[9]

In allen Bereichen mußten die Belegschaften solche »Havarien« durch – notgedrungene – Kreativität und Flexibilität
ausgleichen. Sie erzwangen schöpferischen Einsatz, Eigen-
initiative, gute Zusammenarbeit, halblegale Absprachen,

Sonderschichten und Überstunden. Denn wenigstens dem Schein nach mußten die Planvorgaben erfüllt werden. Das war die eigentliche Herausforderung im sozialistischen Arbeitsprozeß.[10]

Der Arbeitsprozeß in der DDR

In der Landwirtschaft war der Arbeitsprozeß vor allem durch politische Entscheidungen geprägt: Die Bodenreform und Kollektivierung veränderten die Arbeitsbedingungen grundlegend. In den Jahren danach entwickelten sich industrielle Arbeitsbedingungen mit Feierabend und Urlaub, die in den bisherigen Familienbetrieben unmöglich gewesen waren.[11]

Im Handwerk, im Dienstleistungsbereich, im Handel und in der Gaststätten- und Übernachtungsbranche war es der Mangel, der den Arbeitsprozeß bestimmte. Zwar mußten sich die dort Beschäftigten mit den Kunden und ihren unerfüllbaren Wünschen auseinandersetzen, doch das versetzte sie zugleich in eine Machtposition. Der Mangel verschaffte ihnen eine privilegierte Stellung im Netzwerk der Tauschaktionen und gegenseitigen Gefälligkeiten. Er bot die Möglichkeit zu zahlreichen illegalen, meist stillschweigend geduldeten Nebeneinnahmen. Nach und nach etablierten sich neben der offiziellen Währung zuerst eine Naturalienwährung und dann die Nebenwährung Westmark. Das verlieh den Branchen zusätzliche Macht und ermöglichte eine weitgehend autonome Gestaltung der Arbeitsprozesse. Man muß sich nur die Zustände in den wenigen Restaurants der DDR ins Gedächtnis rufen, in denen je nach Arbeitsbedürfnis das halbe Restaurants mit »Reserviert«-Schildern blockiert war und der Rest der Tische nur hinhaltend und unhöflich bedient wurde, es sei denn, man leistete Sonderzahlungen für »Extraleistungen«, die überall sonst auf der Welt zu den Standardleistungen eines Restaurants zählen.

Die Arbeitsprozesse in der Industrie waren einerseits durch »Druck von oben« und andererseits durch die Folgen der Mangelwirtschaft bestimmt. Der politische Druck überwog, wenn es einem Werk nicht gelang, die Planvorgaben zu erfüllen, ganz gleich aus welchen Gründen. Gelang es, durch geschickte Politik den Plan von vornherein so festzulegen, daß die Planvorgaben erfüllt und übererfüllt werden konnten, dann war man von politischem Druck frei. Für solche Betriebe galt die Devise »unser Sozialismus endet am Werktor«.[12]

In allen Betrieben mußten »Havarien« durch Überstunden und Sonderschichten ausgeglichen werden. Der besondere Arbeitseinsatz derjenigen, die fähig waren, die Havarie zu überwinden, verschaffte diesen Spezialisten ebenfalls eine besondere Machtstellung. Sie waren immun gegen die Politik. Volker Braun hat sie in seiner Novelle *Die vier Werkzeugmacher* so beschrieben: »Die kann man nicht rannehmen. Warum? Die haben schon den Kommunismus.«[13] Die Sonderschichten und Überstunden und Prämien summierten sich manchmal, so berichten die von Franzeska Weil befragten Arbeiter aus zwei sächsischen Großbetrieben, zu Verdiensten, die das Gehalt des Betriebsleiters überstiegen.[14]

Die Betriebe und Brigaden boten für die Betriebsangehörigen Orte hoher Identifikation. Während der Ausfallzeiten waren sie Orte der Kommunikation und Solidarität. Von hier aus wurden Einkäufe und Erledigungen, Besuche bei Ärzten und Ämtern organisiert.

Darüber hinaus waren die Betriebe mit einer Vielzahl von Aufgaben belastet, die heute der Sozialarbeit und den Gerichten übertragen sind. Sie mußten psychisch und sozial Auffällige, zum Beispiel Alkoholiker und Strafentlassene, betreuen, morgens von zu Hause abholen, den Tag über beaufsichtigen und abends gesellschaftlich integrieren. Konfliktkommissionen regelten die meisten Streitigkeiten, bevor sie vor Gericht kamen. Insgesamt wurden die meisten Arbeitsstätten als »angenehme Orte des Zusammenhalts« empfunden.[15]

Gleichzeitig waren die Anlagen häufig so veraltet, das Material von so schlechter Qualität, daß in der DDR viel gefährliche, gesundheitsschädliche und schwere körperliche Arbeit anfiel, die im Westen längst verschwunden war. Solche manchmal geradezu museale Arbeit galt im Arbeitsethos der DDR jedoch viel und genoß hohes Ansehen.

Mangel, Planungsirrationalitäten und Lieferschwierigkeiten führten zu teilweise grotesken Verwerfungen im Arbeitsprozeß. Um in Umsatzgrößen fixierte Plangrößen zu erreichen, wurden manchmal teure Produkte produziert, für die es keinen Bedarf gab. Sie stapelten sich unnütz in den Fluren, aber der Plan war erfüllt.[16] Oft strebten Betriebe eine Art Autarkie an, um sich vor Engpässen und Unwägbarkeiten zu schützen. Sie richteten eigene, unrentable Wäschereien, Lebensmittelläden, Kinderbetreuungsstätten, Werkzeugmachereien, Ferienheime, Krankenhäuser ein. Das Ergebnis war eine Unmenge unproduktiver Arbeitsplätze: »Alle Betriebe waren übersetzt. In der DDR gab es keine Arbeitslosigkeit, weil Männer wie vor allem auch Frauen in Beschäftigungsverhältnissen gehalten wurden, auch wenn nichts zu tun war.«[17]

Der Umbruch

Der Umbruch in der DDR entstand nicht etwa aus Unzufriedenheit mit den immer schwierigeren Verhältnissen in Produktion und Verteilung. Entscheidend war erstens, daß die sowjetischen Panzer in den Kasernen bleiben würden, und zweitens, daß in der SU ein Reformprozeß angelaufen war, der

Hoffnung machte und den Menschen den Mut gab, für die gleichen Veränderungen zu demonstrieren, die ihnen von ihrer verknöcherten Führung verweigert wurden. Der daraus entstandene revolutionäre Umgestaltungsprozeß innerhalb der DDR wurde aber sehr schnell durch die Orientierung auf die Vereinigung mit dem reichen Westdeutschland überwältigt. Die Revolution verkam zur Wende.

Dieser Vereinigung ging die Währungsunion voraus. Die Löhne mußten in Westwährung ausgezahlt werden. Die Westwaren drängten auf den Markt. Die Binnennachfrage brach fast völlig zusammen. Die ehemaligen Exportpartner im RGW hatten keine Devisen und die bisher an den Westen gelieferten Billigprodukte konnten bei Einkaufspreisen und Löhnen in Westgeld nicht mehr hergestellt werden. So brach auch die Exportnachfrage zusammen. Die Währungsunion öffnete zwar für die DDR-Industrie den Markt nach Westen, setzte sie aber vor allem ohne jeden Übergang und ohne irgendwelchen Wettbewerbsschutz der weltweiten Konkurrenz aus. Bis 1991 ging der Osthandel um durchschnittlich 60 Prozent zurück. Die Währungsumstellung bedeutete eine Aufwertung der DDR-Währung um 300 Prozent bei schlagartiger Öffnung der Märkte. Das hätte »selbst Südkorea, das Wachstumsparadies westlicher Prägung, umgebracht«.[18] Die meisten Betriebe der DDR waren schon vor der Vereinigung am Ende.

Die wenigen überlebenden Betriebe schafften es nur, weil sie sich dem Kostendruck noch radikaler stellten als ihre westdeutschen Konkurrenten. Sie sind damit zu Experimentierstationen des Kapitalismus geworden.

Dieser Prozeß ist schematisch in Abbildung 2 dargestellt.

In den fünfziger Jahren war man mit ähnlichen Stückkosten angetreten. Im Westen sorgte die Konkurrenz auf dem Weltmarkt für immer neue Rationalisierungsschübe und trieb die Stückkosten kontinuierlich nach unten. Die vom Markt abgeschirmte Produktion im Osten konnte diesem

Druck ausweichen bis zum Fall der Mauer und der nachfolgenden Währungsunion. Als der Kostendruck mit der Währungsumstellung auf die DDR-Betriebe durchschlug, brachen viele Betriebe in sich zusammen. Sie konnten ihre Stückkosten nicht einmal in die Nähe ihrer westlichen Konkurrenz senken.

Die wenigen Betriebe, die dem Westen vergleichbare Kostenstrukturen erreicht hatten, waren damit aber noch lange nicht in Sicherheit. Denn gleichzeitig war weltweite Stagnation ausgebrochen. Auch Westbetriebe machten hohe Verluste und reagierten darauf mit einer neuen Rationalisierungswelle, die den Abstand zu den Ostbetrieben noch einmal vergrößerte. So gerieten viele erneut in die Verlustzone, allerdings jetzt als Zweigbetriebe westdeutscher Unternehmen. Andere wurden Vorreiter der Rationalisierung und schufen die modernsten Produktionsprozesse Europas. Wieder andere schrumpften zu Kleinbetrieben und wirtschaften durch extreme Formen der Belastung und Selbstausbeutung.

Abbildung 2: Der Kostendruck als Ursache für die Veränderung der Arbeit in der DDR und in der Wende

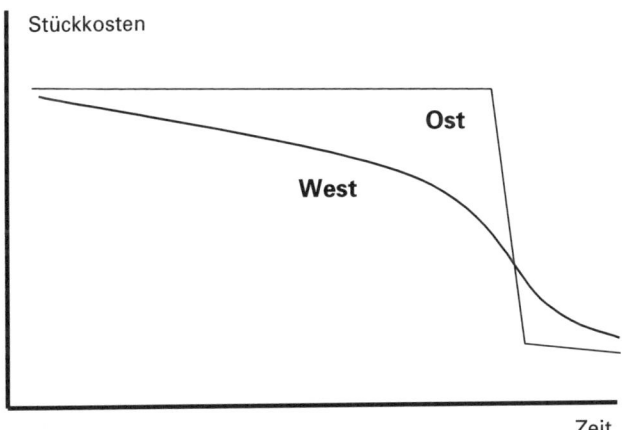

Nach der Vereinigung wurden die großen verstaatlichten Betriebe durch die Treuhand privatisiert. Dabei gingen fünfundneunzig Prozent des Firmenvermögens von Ost nach West. Ähnliche Asymmetrien entstanden bei der Neuverteilung von Immobilien, Vermögen, Besitzständen.[19] In dieser Zeit wurden die Belegschaften in den großen Betrieben zum Teil bis auf zehn Prozent der vorherigen Beschäftigung reduziert. Hätte man die westdeutsche Rechtsprechung bei den Entlassungen angewandt, hätten in den Betrieben bald nur noch die altgedienten, über fünfzigjährigen Beschäftigten mit Familie gearbeitet. Weil in der Zeit des Umbruchs die Hemmnisse westdeutschen Arbeitsrechts nicht griffen (die Gerichte waren überlastet, und die meisten Betroffenen kannten ihre Rechte nicht) und eine gewerkschaftliche Interessenvertretung kaum existierte, konnten Methoden und Kriterien angewandt werden, die unter westdeutschen Bedingungen undenkbar gewesen wären. So wurden Frauen mit Kindern, Ältere und Behinderte zuerst entlassen oder in den Vorruhestand geschickt.[20] Die Folge war eine »Verkleinbetrieblichung« durch Liquidierung, Entlassung, Ausschlachten.

Nach 1989 ging ein geringer Teil der Maschinen liquidierter ostdeutscher Unternehmen nach Schweden und in die USA, ein größerer Anteil wurde in asiatische Billiglohnländer verkauft.[21] Anstatt vorhandene Kapazitäten so weit wie irgend möglich zu nutzen, mußte das Neueste aus dem Westen herangeschafft werden trotz Lieferschwierigkeiten und ungewisser Absatzwege. Die Infrastruktur der neuen Bundesländer war völlig überfordert. Ein vergleichsweise noch harmloses Beispiel dafür liefert Karen Tweer. »In Osterburg/Sachsen-Anhalt waren in einem Gebäude sowohl die Filiale der Dresdner Bank als auch eine der Volksbank untergebracht. Und noch 1992 verfügten beide nur über eine einzige gemeinsame Telephonleitung! Das hieß, Anrufer, die die Dresdner Bank anrufen wollten, gelangten erst an die Volksbank, um diese dann bitten zu müssen, an die Dresdner Bank weitergeleitet zu werden.«[21]

Die westdeutschen Neueigentümer nutzten ihre ostdeutschen Zusatzbetriebe in erster Linie zur Stärkung ihrer bestehenden Betriebe in Westdeutschland und im Ausland. Es wurden also vor allem die steuerlichen Begünstigungen, die Fördergelder und Transferzahlungen und die Bedingungen eines Billiglohnlandes ausgenutzt. Manche Betriebe wurden als eine Art Steinbruch genutzt, andere in den Teilen geschlossen, in denen sie dem eigenen Betrieb im Westen Konkurrenz zu machen drohten. Die meisten Unternehmen verwandelten ihre Neuerwerbungen in verlängerte Werkbänke ihrer Betriebe im Westen, schlossen die Forschungs- und Entwicklungsabteilung und alles andere, was bereits im Westen bestand. Die Folge war eine Verödung der ostdeutschen Betriebe.

Der Umbruch 1990 bis 1994 endete in einem Rückgang der Produktion um mehr als zwei Drittel im Gerätebau, in der optischen Industrie sowie in der Textilindustrie; im Maschinenbau ging die Produktion um 64 Prozent zurück, in der Elektrotechnik und im Schiffbau um ein Drittel und in der chemischen Industrie um 27 Prozent.

Es gab eine Vielzahl von Neugründungen, von denen etliche schnell wieder pleite gingen: Imbißbuden, Videotheken, aber auch Handwerks- und Baubetriebe, kleine Firmen zur Versorgung des regionalen Bedarfs. Übrig blieben nur wenige Großbetriebe, künstlich am Leben erhalten von ihren westlichen Mutterfirmen, noch lange nicht in der Gewinnzone. Der Rest war Mittelstand.

Die Beschäftigung fiel von zehn Millionen Menschen auf sechs Millionen im Jahre 1992. In der Industrie blieben nur 20 bis 25 Prozent der Arbeitsplätze erhalten. 1993 erklärte die EU Ostdeutschland zur Zielregion 1. Damit hatte das frühere Industrieland DDR den Status des landwirtschaftlichen Notstandsgebiets Süditalien erreicht.[22]

Stefan Hormuth[23] resümiert für die »Kommission für die Erforschung des sozialen und politischen Wandels in den neuen Bundesländern e. V. (KSPW)«: »Wohl in keinem Bereich sind die durch den Transformationsprozeß ausgelösten Veränderungen und ihr Eingriff in das persönliche Leben so ausgeprägt wie im Arbeitsleben.« Zuvor gänzlich unbekannte Erscheinungen und Anforderungen brachen über die Beschäftigten herein: Arbeitslosigkeit, Forderung nach Mobilität und Flexibilität, Umschulung nach Umschulung, immer neue grundlegende Umstellungen der Arbeitsorganisation. Die Frauen trafen die Veränderungen am schwersten. Dann die Arbeiter aus dem traditionellen Arbeitermilieu. Jüngere Arbeitnehmer und solche aus Berufsbereichen, die schon zuvor durch Veränderung und Weiterbildungsbedarf gekennzeichnet waren, und Arbeitnehmer, die bereits Mobilitätserfahrung hatten, konnten die Veränderungen am leichtesten bewältigen.

Die Kommission beurteilte 1996 in der Rückschau die Umstellung so: »Es gab nach der deutschen Einheit nur ein schmales Zeitfenster der Neuverteilung von Chancen. Nach einem kurzen Zeitabschnitt zwischen dem 2. Halbjahr 1990 und der Mitte des Jahres 1992 war der Umbau des Beschäftigungssytems im wesentlichen abgeschlossen und waren mit wenigen Ausnahmen die Weichen für das weitere Schicksal gestellt. (...) Die marktwirtschaftliche ›Sanierung‹ der DDR-Wirtschaft mündete in einer möglicherweise dauerhaften industriellen Verödung ohne Ausgleich durch beschleunigte Tertiarisierung.«[24] Damit ist gemeint, daß die Entlassenen nicht durch einen entsprechend ausgeweiteten Dienstleistungsbereich aufgefangen werden konnten.

Die Entwicklung danach

1998 stammten nur fünf Prozent der industriellen Produktion Deutschlands aus den neuen Bundesländern. Im westdeutschen Handel beträgt der Anteil ostdeutscher Produkte zwischen eins und vier Prozent. Die wenigen ostdeutschen Eigentümer stehen meist Kleinbetrieben vor. Heute gibt es über eine halbe Million solcher Mittelstandsunternehmen in den neuen Ländern – rund ein Drittel mehr als 1992. Sie sind vor allem im Handwerk, Handel und Dienstleistungsbereich angesiedelt. Nur knapp über drei Prozent von ihnen können der Industrie zugerechnet werden.[25]

Während in den alten Bundesländern knapp ein Viertel aller Unternehmen mit Verlust abschloß, wiesen im Osten vierzig Prozent der Unternehmen Verluste aus. Die KSPW urteilt: »In der Mehrzahl der bis heute überlebenden Betriebe sind nach wie vor große Schwächen des Managements und der Arbeits- und Unternehmensorganisation unübersehbar.«[26]

Die Unternehmen, überwiegend Kleinbetriebe, stehen unter extremem Konkurrenz- und Kostendruck und leiden unter chronischem Kapitalmangel.[27] Sie können sich deshalb meist die für eine Steigerung der Produktivität notwendigen Investitionen nicht leisten und müssen den Kosten- und Konkurrenzdruck trotz häufig gegenteiliger subjektiver Absichten an ihre Belegschaft weitergeben.

Alle diese Faktoren wirkten zusammen und erzeugten erneut einen markanten Unterschied im Arbeitsprozeß Ostdeutschlands gegenüber dem im Westen. Nur ist es diesmal umgekehrt: War der Arbeitsprozeß zu DDR-Zeiten im Osten gemächlich und im Westen unter Druck, ist er jetzt in Ostdeutschland viel stärker unter Druck als im Westen. Das bezeugen Daten, mit denen in aller Welt für Investitionen in den neuen Bundesländern geworben wird: Die Arbeitskosten liegen im Osten durchschnittlich 25 Prozent unter denen im

Westen, der Krankenstand ist um 20 bis 30 Prozent geringer als im Westen, die Arbeitszeiten sind deutlich länger, es gibt nahezu überall flexible Überstundenregelungen, und in vielen Betrieben ist die Belegschaft zu außertariflichen Regelungen bereit.[28]

Zwischen den und innerhalb der Branchen herrschen jedoch große Unterschiede:

Die Landwirtschaft ist der einzige Bereich, in dem sich DDR-Strukturen gehalten haben – gegen den Widerstand und die Absichten der westlichen Politik. Vermutlich hat die Erfahrung mit der in der DDR entstandenen industriellen Form der Landwirtschaftsarbeit dazu geführt, daß überall dort, wo dies irgend möglich war, die kollektivierten Großbetriebe in Genossenschaften oder GmbHs überführt worden sind. Allerdings wurden die Belegschaften dabei um über 80 Prozent reduziert. Mit langfristigen Pachtverträgen auf einer vergleichsweise riesigen landwirtschaftlichen Nutzfläche, einer relativ guten Ausstattung mit Maschinerie und gut qualifizierten Arbeitskräften (auch hier wurden nur die besten und motiviertesten behalten) ist die Landwirtschaft in Ostdeutschland konkurrenzfähig wie kaum ein anderer Bereich. Allerdings muß sie politisch motivierte Angriffe auf ihren Bestand zugunsten von Alteigentümern fürchten.[29]

In der Industrie ist die Lage sehr unterschiedlich. General Motors in Eisenach ist das produktivste Werk in der GM-Familie und steht auch im internationalen Vergleich auf einem der ersten Plätze der Rangliste. Aber zwei Drittel der ostdeutschen Industrieunternehmen erwirtschaften immer noch keine Gewinne. Investitionen sind vor allem Ersatz- und Rationalisierungsinvestitionen, da die Kapazitäten nur zu etwa zwei Dritteln ausgelastet sind. Nur vier Prozent der industriellen Forschungs- und Entwicklungstätigkeiten werden in Betrieben der neuen Bundesländer durchgeführt. Weniger als die Hälfte der Firmen exportieren.[30]

Auf der anderen Seite sind die Kommunikationsnetze, das

Verkehrssystem und viele der neu entwickelten Bereiche besser ausgerüstet als in Westdeutschland. Planungs- und Genehmigungsverfahren werden meist schneller durchgeführt, und das Hochschulsystem ist auf dem neuesten Stand und zur engen Kooperation mit den Unternehmen bereit.

Objektiv betrachtet, bietet die Ostwirtschaft den Beschäftigten nur in der Landwirtschaft und in einigen wenigen hochentwickelten industriellen Bereichen gute Arbeitschancen. In allen anderen Sektoren ist die Situation der Betriebe so labil, daß es kaum Spielraum für eine Verbesserung der Arbeitssituation oder des Einkommens gibt. Im Gegenteil: Viele Unternehmen nutzen diese angespannte Situation, um Arbeitsformen, Arbeitszeiten und Einkünfte durchzusetzen und auszuprobieren, die anderswo am Widerstand der Belegschaft und der Gewerkschaften scheitern würden. Westdeutsche Gewerkschaften sehen sich unter Druck, sich den in Ostdeutschland herrschenden Arbeitsbedingungen anzupassen.

Der ostdeutsche SPD-Politiker Wolfgang Thierse resümierte die Situation im Oktober 1997 so: »Die neuen Bundesländer verfügen im Vergleich zu Gesamtdeutschland über ein Drittel der Fläche, ein Fünftel der Bevölkerung, ein Sechstel der Selbständigen, aber nur über knapp ein Zehntel des Sozialprodukts. Knapp ein Zehntel der deutschen Exporte nach Mittel- und Osteuropa – 1990 waren es noch über die Hälfte –, nur ein Zehntel des Bestandes an den Beteiligungen der Beteiligungsgesellschaften, nur ein Vierzehntel des in Ostdeutschland vorhandenen Produktivvermögens, nur ein Zwanzigstel der Industrieproduktion, nur ein Fünfundzwanzigstel der Forschungs- und Entwicklungsausgaben, nur ein Fünfzigstel des Exports – dafür aber über ein Drittel der Pleiten und ein Drittel der Arbeitslosen.«[31]

Die alltagskulturelle Verarbeitung

Bezeichnend für die allgemeine Reaktion auf diese Entwicklung ist der von *emnid* 1998 gefundene Widerspruch: Zwei Drittel der Befragten in Ostdeutschland sehen persönliche Vorteile durch die Maueröffnung, aber 87 Prozent aller Ostdeutschen erleben ihren Alltag als »schlechter« im Vergleich zu der Zeit vor der Wende.[32]

Die von dem Psychologen Manfred Schmitt geleitete Arbeitsgruppe »Gerechtigkeit als innerdeutsches Problem«[33] fand in einer Untersuchung im April 1998 heraus: Nach Einschätzung aller Befragten ist die objektive Situation im Osten deutlich schlechter als im Westen, wobei Ostbefragte die Situation doppelt so dramatisch sehen wie die im Westen. Die Menschen aus Westdeutschland versprechen sich deutliche Verbesserungen in den neuen Bundesländern, die Ostdeutschen rechnen mit weiteren Rückschlägen.

Dieser Druck hat Wirkung gezeigt. Das war das Ergebnis einer eigenen deutschlandrepräsentativen Befragung im November/Dezember 1998.

Die Befragten sollten auf einer siebenteiligen Skala angeben, welcher der beiden Aussagen sie eher zustimmen. Ein Mittelwert kleiner als 4 bedeutet Zustimmung zur linken, größer als 4 Zustimmung zur rechten Aussage:

Bei der Arbeit ist es mir lieber, ich kenne das Ziel und bestimme die Arbeitsschritte selbst 1 bis 4	Bei der Arbeit ist es mir lieber, ich erhalte Anweisungen für die meisten Arbeitsschritte 4 bis 7

Mittelwert Ostdeutsche			Mittelwert Westdeutsche		
Gesamt	Männer	Frauen	Gesamt	Männer	Frauen
2,80	2,70	2,88	3,07	2,99	3,14

Die Tabelle zeigt, daß der Durchschnitt aller Befragten in der Bundesrepublik einen zielorientierten Arbeitsstil bevorzugen. Doch die ostdeutschen Befragten befürworten die freie Entscheidung der Mittel bei Kenntnis der Ziele stärker als die in Westdeutschland.[34] In der Zeit bis 1995 zeigten alle verfügbaren Daten das Gegenteil, eine deutlich stärkere Orientierung auf genaue Arbeitsanweisungen. Die krisenhafte Umstellung und der wachsende Druck haben demnach zu einer wichtigen Umorientierung in der Arbeit geführt. In der Zielorientierung und Flexibilität übertreffen die Ostdeutschen inzwischen die Westdeutschen.

Gleichzeitig reagieren sie aber in den Bereichen, in denen die verweigerte Anpassung keine unmittelbaren wirtschaftlichen Konsequenzen hat, mit um so tieferer Skepsis und Ablehnung der neuen westlichen Normalität am Arbeitsplatz und einer wachsenden Aufwertung der DDR.

Sie passen sich zwar den Zwängen an, aber sie billigen sie nicht. Das zeigen die Urteile über die Veränderungen im Arbeitsprozeß, die Franzeska Weil bei Interviews in sächsischen Betrieben gesammelt hat: Die Atmosphäre in den Betrieben sei kälter geworden. Der Zusammenhalt beziehe sich nur noch auf die Arbeit. Früher sei es persönlicher und kollegialer zugegangen. Jetzt sei man distanzierter, nicht zuletzt zwischen Arbeitern und Angestellten, vor allem aber im Verhältnis zum Chef. Man diszipliniere sich stärker. Der Egoismus nehme ständig zu. Es gebe weniger gegenseitige Hilfe. Man habe immer weniger Zeit füreinander, da das Leben hektischer geworden sei. Wegen der Angst vor dem Verlust des Arbeitsplatzes gebe es weniger Diskussionen. Man sei nicht mehr so offen wie früher und verschweige – vor allem aus Scham – private Sorgen und Schwierigkeiten. Geld und Konsum seien das alles beherrschende Gesprächsthema geworden. Früher sei man solidarisch und aufeinander angewiesen gewesen. Jetzt sei man in einer kalten Gesellschaft angekommen.[35]

Solche Einschätzungen sind für den Kulturschock typisch.

Zugleich sind es Reaktionen auf einen Prozeß, der selbstverständlich nicht bloß kulturell, sondern gleichermaßen materiell bedingt ist. Die materielle und die kulturelle Seite des Umwälzungsprozesses und seiner Auswirkungen voneinander trennen zu wollen, ist ein Ding der Unmöglichkeit. Es besteht eine grundsätzliche, nur graduell abweichende Interdependenz. Kulturschock ist eine, nämlich die kulturelle Reaktion auf die Erfahrung mit realen Veränderungen in der Umwelt, von denen man sich überfordert fühlt. Deshalb ist das Erklärungsmodell Kulturschock kein »Kulturalismus«. Die Oberflächensymptome des Kulturschocks zeigen auf der kulturellen Ebene tieferliegende gesellschaftliche Konflikte an, so wie ein Rauchmelder ein fernes Feuer. Diese Konflikte sind aber nicht ausschließlich ökonomischer Natur. »It's the economy, stupid« (Es liegt an der Wirtschaft, Dummchen) ist keine hinreichende Erklärung für die Schwierigkeiten im deutsch-deutschen Verhältnis.

Das möchte ich an der weitverbreiteten Annahme vorführen, der Rechtsradikalismus und die Ausländerfeindlichkeit in vielen Gebieten Ostdeutschlands sei ein Resultat der hohen Jugendarbeitslosigkeit. Ich werde zeigen, daß es daran nicht liegen kann, und damit die Frage aufwerfen, wie diese Entwicklungen sonst zu erklären sind. Diese Frage wird in den folgenden Kapiteln implizit und explizit schrittweise behandelt und im letzten Kapitel beantwortet werden.

Die Ökonomie erklärt nicht alles: Das Beispiel Jugendarbeitslosigkeit und Rechtsextremismus

Gegen die als beleidigend empfundene kulturelle Erklärung der hohen Anzahl ausländerfeindlicher Gewalttaten in Ostdeutschland als ein Ergebnis der kollektiven Erziehung in der DDR wird von Ostdeutschen häufig eine rein ökonomische Erklärung gesetzt: Schuld sei die hohe Jugendarbeitslosigkeit nach der Wende. Die Hypothese lautet: Jugendarbeitslosigkeit erzeugt Rechtsextremismus. Und weil es in Ostdeutschland mehr arbeitslose Jugendliche gibt als in Westdeutschland, muß es dort auch mehr Rechtsradikale geben. Die Wahlen in Sachsen-Anhalt im März 1998 beweisen das. Das war der Tenor nahezu aller Kommentare und Berichte in den Zeitungen und Fernsehsendungen, als bekannt wurde, daß 50 Prozent der Erstwähler für die rechtsextremistische DVU gestimmt hatten. In Regionen mit hoher Jugendarbeitslosigkeit lag die Quote sogar noch höher.

Die Gefahr scheint also klar zu sein: Weil es in Ostdeutschland so viele arbeits- und perspektivlose Jungendliche gibt, droht von dort eine rechtsextreme Renaissance für die ganze Bundesrepublik. Überfälle auf ausländische und Westberliner Schulklassen, gewalttätige Neonazis treiben Dunkelhäutige in den Tod, erklären ihre Dörfer zu »ausländerfreien Zonen«, terrorisieren Jugendzentren, mitunter ganze Städte und Landschaften.

Wenn die Jugendarbeitslosigkeit weiter steigt, werden immer mehr junge Menschen der rechten Ideologie gleichsam verfallen. So lautet die populäre Logik.

Diese Erklärung scheint zwar einleuchtend, läßt sich aber nicht belegen. Laut Richard Stöss, an der Freien Universität in Berlin Experte für Rechtsextremismus, gibt es *keinen* statistischen Zusammenhang zwischen Jugendarbeitslosigkeit und Rechtsextremismus.[36]
Schaut man sich einmal die Zahlen genauer an, geraten die landläufige Meinung und Meinungsmache tatsächlich in Beweisnot. Gäbe es eine Art Kausalität zwischen Rechtsextremismus und Arbeitslosigkeit, müßte es bei den Rechtsextremen besonders viele arbeitslose Jugendliche geben. Das aber ist nicht der Fall. Zwar findet man in Bezirken mit hoher Arbeitslosigkeit häufig auch erhöhte Zustimmung zu rechtsradikalen Positionen. Das liegt aber vor allem an der Zusam-

mensetzung dieser Bezirke. Dort wohnen viele Männer mit niedrigen Bildungsabschlüssen und geringen beruflichen Qualifikationen. Aus dieser Gruppe kommen die Rechtsextremen in den neuen Bundesländern, egal ob sie arbeitslos sind oder nicht. In Bezirken mit vergleichbarer Schichtzusammensetzung, aber geringerer Arbeitslosigkeit fällt der Anteil der Rechtsextremen etwa gleich hoch aus. Es gibt Wahlbezirke mit niedriger Arbeitslosigkeit, z. B. Rosenheim in Bayern oder Pforzheim in Baden-Württemberg, in denen die Rechten viele Stimmen bekamen. Umgekehrt gibt es Wahlkreise mit hoher Arbeitslosigkeit, z. B. im Ruhrgebiet oder im Saarland, mit traditionell geringen Wahlchancen der Rechtsextremen.

Auch unter den Parteimitgliedern der Rechtsextremen gibt es nicht mehr Arbeitslose als in anderen Parteien. Unter den jugendlichen rechtsextremen Gewalttätern gibt es zwar viele Arbeitslose, aber die große Mehrheit hat Arbeit und zählt auch nicht zu den Armen und Perspektivlosen. Sie rekrutieren sich vor allem aus der Gruppe männlicher Jugendlicher mit Haupt- oder Realschulabschluß. Der Jugendforscher Wilhelm Heitmeyer ermittelte mit seinem Team 1992 in einer repräsentativen Untersuchung in Westdeutschland, daß die meisten Personen, die Gewalt gegen Fremde ausgeübt hatten, aus dem aufstiegsorientierten Milieu, also keineswegs aus dem Milieu der Deklassierten und Hoffnungslosen, stammten.[37]

Berechnet pro 100 000 Einwohner häufen sich rechtsextremistisch motivierte Gewalttaten besonders in Mecklenburg-Vorpommern, Brandenburg und Schleswig-Holstein. Bei den Arbeitslosen unter 20 Jahren standen aber im März 1998 die Bezirke Berlin (17,5 Prozent), Hamburg (15,3 Prozent) und Bremen (12 Prozent) an der Spitze. Keine dieser Städte liegt bei Gewalttaten mit rechtsextremem Hintergrund an vorderer Stelle. Bremen bildet sogar das Schlußlicht. Gäbe es den Zusammenhang zwischen Jugendarbeitslosigkeit und Rechtsradikalismus, müßten die Großstädte im Westen Hort der rechtsextremen Gewalt sein. Das Gegenteil ist der Fall. Auf dem Land konzentriert sich die Gewalt der Rechtsextremen. Dort aber ist die Jugendarbeitslosigkeit viel geringer: Schleswig-Holstein hatte 11 Prozent Jugendarbeitslosigkeit, Brandenburg 9,2 Prozent, Mecklenburg-Vorpommern 9,1 Prozent. Sachsen-Anhalt – dessen Landtagswahl den angeblichen Beweis für den ursächlichen Zusammenhang zwischen Rechtsextremismus und Jugendarbeitslosigkeit lieferte – hatte im März 1998 (im Monat der Wahl) nach Baden-Württemberg (6,3 Prozent) und Bayern (6,4 Prozent) mit 8,6 Prozent die drittniedrigste Arbeitslosenquote aller Landesarbeitsamtbezirke bei den unter 20jährigen. Der Zusammenhang ist auch im internationalen Vergleich nicht nachzuweisen: Spanien mit einer schwachen Rechten hatte 1995 über 50 Prozent Jugendarbeitslosigkeit, Österreich mit seiner starken Rechten dagegen nur 6,8 Prozent. Großbritannien liegt mit 17,3 Prozent Jugendarbeitslosigkeit dazwischen und hat dennoch keinen besonders auffälligen Anteil Rechtsextremer. Die Behauptung ist ganz offensichtlich unhaltbar.[38]

Fazit: Ganz unbestreitbar haben materielle Umwälzungen kulturelle Auswirkungen. Aber offensichtlich bestehen keine einfachen Wenn-dann-Beziehungen. Die Menschen reagieren auf das, was ihnen sowohl materiell als auch kulturell widerfährt. Und sie reagieren und agieren nach der »Logik« der Gesellschaft und Kultur, in der sie leben.

Dieses soll im nächsten Kapitel ergründet werden.

3. Kapitel

Die kulturellen Ursachen – Das Modell

Wie im vorangegangenen Kapitel gezeigt, wirken radikale Umwälzungen des Alltagslebens als ein die Anpassungsleistung überfordernder Kulturschock. Die zum wirtschaftlichen Überleben notwendigen Anpassungsleistungen müssen aber erbracht werden, und sie werden tatsächlich auch erbracht. Das hat unsere Untersuchung über die Arbeitseinstellung belegt. Demnach, so könnte man schließen, ist der Kulturschock überwunden, und Normalität kehrt ein.

Das ist nicht der Fall. Zehn Jahre nach der Maueröffnung, trotz faktischer Anpassung, wird das neue System abgelehnt, das alte zunehmend verherrlicht. Die Ostdeutschen, die sich anfangs stärker als die Westdeutschen primär als Deutsche und dann erst regional, als Sachsen, Thüringer, Mecklenburger, identifizierten, nennen heute immer häufiger als ihre erste Identität: Ostdeutsch.[1] Es scheint, der Kulturschock hält an.

Einen solch anhaltenden Kulturschock kann es jenseits der bereits behandelten Anpassungsprobleme nur geben, wenn zwei tatsächlich unterschiedliche Kulturen aufeinandertreffen. Will man Schwierigkeiten bei der deutsch-deutschen Vereinigung als Kulturschock erklären, muß man solche kulturellen Unterschiede nachweisen. Zuvor muß man aber klären, wie sie überhaupt zustande kommen konnten. In den vierzig Jahren der Trennung müßten demnach Kräfte gewirkt haben, die zu kulturellem Wandel geführt hatten. Folglich muß das Erklärungsmodell Kulturschock durch ein Modell des kulturellen Wandels ergänzt werden.

68

Wie entsteht kultureller Wandel?

Es gibt zwei grundsätzlich verschiedene Formen des kulturellen Wandels:

Auf der einen Seite gibt es einen verdrängenden kulturellen Wandel – wie etwa die Computerisierung und Vernetzung der Welt –, der selbst wieder durch noch bessere, noch schnellere, noch billigere Lösungen des gleichen Problems verdrängt wird. Solcher Wandel wird seit Beginn des 19. Jahrhunderts mit dem Wort »Fortschritt« beschrieben. Der in diesem Begriff implizierte Optimismus ist fraglich geworden, denn er hat die Menschheit schon mehrfach in Barbarei gestürzt und an den Rand eines selbstverursachten Untergangs gebracht.

Dennoch scheint der Begriff für diese Art gesellschaftlicher Veränderung sinnvoll, denn er bezeichnet im einfachen Wortsinn ein Fortschreiten. Eine Veränderung baut auf der anderen auf, verdrängt dabei die vorangegangene und nimmt deren Platz ein. Die Waschmaschine hat den Wäschezuber verbannt. Man findet ihn nur noch in Asservatenkammern oder Museen. Das Neue verdrängt das Alte. Das ist so bei Technik, Medizin, Mode, Trends, Themen, Sprachspielen und bei allen Alltagsnormen, die unsere Alltagskultur ausmachen.

Daneben gibt es eine ganz andere Weise gesellschaftlichen und kulturellen Wandels. Schönberg verdrängt nicht Mozart, der Kubismus tritt nicht an die Stelle der Romantik oder Renaissance. Dieser gesellschaftlich-kulturelle Wandel ist additiv und dauerhaft. Er legt beständig neue Schichten kultureller Möglichkeiten über bereits bekannte kulturelle Praktiken. Diese werden dabei komprimiert, auf Grundprinzipien und herausragende Repräsentanten reduziert. Viele und vieles gerät dabei in Vergessenheit. Aber die Substanz bleibt über Generationen und Jahrhunderte erhalten und summiert sich mit dem jeweils Neuen zu dem, was wir im Deutschen normalerweise unter »Kultur« verstehen: Das Wissen der Welt, die bildenden Künste und Architektur, die Literatur und Musik, mit all ihren – z. T. widersprüchlichen – Schulen und Stilen.

Kultur im Sinne der Sozialwissenschaft umfaßt alle expliziten und impliziten Verhaltensregeln, ganz gleich welchen Bereich und welches Verhalten sie regulieren. Die Regeln über das Putzen der Nase oder die Benutzung von Toiletten gehören also genauso dazu wie die Konventionen darüber, welche Kunstwerke als Kitsch, welche als klassisch und welche als avantgardistisch gelten, welches Wissen als richtig und wichtig, welches als trivial gilt, welche Regelverstöße ein Zeichen von Lässigkeit und Souveränität sind und welche von Unmoral, Zügellosigkeit und Dummheit zeugen.

Prestige als Orientierungsgröße

Gesellschaftlicher, auch kultureller Wandel hat zur logischen Voraussetzung, daß die Menschen, die ihn vollziehen, mit dem, was ist, nicht zufrieden sind. Sonst würde sich nichts ändern. Denkbar ist natürlich, daß in einer sich wandelnden Welt eine Gesellschaft sich auch dann ändern muß, wenn in ihr selbst gar kein Bedarf nach Wandel besteht, sich die Umwelt aber so verändert hat, daß ohne Wandel ihre Stabilität bedroht wäre. Dafür ist gerade die DDR um die Zeit ihres vierzigsten Jahrestags ein Musterbeispiel, als ihr Gorbatschow den berühmt gewordenen Satz vorhielt: »Wer zu spät kommt, den bestraft das Leben.«

Aber auch bei solch reaktivem quasi genötigtem Wandel müssen die Akteure zwischen unterschiedlichen Handlungsmöglichkeiten nach Gütekriterien auswählen. Ob freiwillig oder erzwungen, setzt gesellschaftlicher Wandel logisch die Vorstellung von besseren und schlechteren Handlungsmöglichkeiten voraus. Weiter ist davon auszugehen, daß sich die am gesellschaftlichen Wandel Beteiligten der Absicht nach – das Ergebnis kann dann durchaus das Gegenteil sein – auf die bessere Alternative ausrichten.

Zum Grundmechanismus des gesellschaftlichen Wandels gehört also, daß die Akteure die möglichen Alternativen unter bewertenden Gesichtspunkten betrachten und schlechtere von besseren Varianten unterscheiden, um sich dann an den für besser erachteten Varianten zu orientieren. Maßstab für die Wertung ist gemeinhin die individuelle, seltener die kollektive Nutzenerwägung, die jeweils bestimmt, wie erstrebenswert ein Gut oder eine Situation im Vergleich zu anderen ist.

In der Wirtschaftswissenschaft wurden diese relativen Nutzenerwägungen zur Grundlage für eine Preistheorie, die als Grenznutzentheorie hohe Akzeptanz gewonnen hat. Ihr zufolge drücken die Menschen in den Preisen, die sie für ein Gut oder eine Dienstleistung zu zahlen bereit sind, ihre individuelle Nutzenabwägung aus. Es wird davon ausgegangen, daß jeder darauf aus ist, seinen Gesamtnutzen zu optimieren. Das Nutzenwachstum durch eine zusätzliche (»Grenz«-) Einheit eines Gutes oder einer Dienstleistung muß also verglichen werden mit dem Nutzenzuwachs durch eine zusätzliche Einheit eines anderen Gutes. Je nach Anzahl der bereits vorhandenen oder konsumierten Einheiten fällt die Nutzenabwägung für ein Gut manchmal recht unterschiedlich aus. Das erste Stück Torte mag noch erstrebenswert sein. Schon beim zweiten fällt die Nutzenabwägung deutlich ab. Und doch ergibt sich im gesellschaftlichen Durchschnitt ein weitgehend stabiler Gleichgewichtspreis für Tortenstücke, der allen bekannt ist und an dem sich jeder in seinen individuellen Entscheidungen für oder gegen ein Stück Torte orientieren kann.

Ganz analog bildet sich in Gesellschaften neben der jeweils individuellen Bewertung der Dinge, Handlungen, Personen und Situationen ein Bewußtsein für die in der eigenen Bezugsgruppe verbreiteten und dort üblichen Bewertungen heraus. Auf eine solche überindividuelle Bewertung im Sinne einer Rangskala trifft das Wort Prestige zu.

Norbert Elias[2] hat das Streben nach Prestige als Motor für den gesellschaftlichen Wandel hin zur Neuzeit ausgemacht, den er »Prozeß der Zivilisation« nannte. Die meisten Menschen, so argumentiert er, leiten ihr Selbstwertgefühl aus ihrer gesellschaftlichen Stellung ab und sind bestrebt, diese zu verbessern. Deshalb übernehmen sie die Normen und Verhaltensweisen von Menschen, die sie als über sich gestellt wahrnehmen. Dabei leitet sie die Hoffnung, mit deren Stellung ein gesteigertes Selbstwertgefühl zu erreichen.

In seinen historischen Analysen konnte Elias mit diesen Prozessen erklären, weshalb sich in der hierarchischen Gesellschaft des Mittelalters die höfischen Verhaltensweisen von Stufe zu Stufe über die ganze Gesellschaft ausbreiteten. Viele heute allgemein verbreitete Verhaltensweisen – vom Gebrauch des Taschentuchs über die Krawatte bis zur Differenzierung der Wohnräume in öffentliche und intime – können auf ihren Ursprung am französischen Hof zurückverfolgt werden. Der Nachweis ist allerdings nur für das Mittelalter und die frühe Neuzeit überzeugend erbracht. Für die Gegenwart lieferte Elias lediglich eine historisch untermauerte Hypothese, nämlich daß das Streben nach Prestige der entscheidende Motor für gesellschaftlichen Wandel sei.

Alternativen zur Prestigeorientierung

Selbstverständlich zählt nicht allein Prestige in einer Gesellschaft. Auch ist der wertende Vergleich mit anderen nicht die einzige Weise, wie sich die Menschen erkennen. Prestigestreben hält nicht einmal, was man sich gewöhnlich von ihm verspricht. Hinter dem Erreichten liegen immer neue, noch höhere erstrebenswerte Prestigepositionen. Das Rennen, wenn man sich einmal darauf eingelassen hat, ist nie zu Ende.

Tatsächlich gibt es immer Alternativen zum wertenden Vergleich. Karl Marx, der radikalste Kritiker des wertenden Vergleichs, hat die Alternative im ersten Absatz seines Hauptwerkes *Das Kapital* formuliert. Der eigentliche Inhalt allen Reichtums ist nicht das Geld oder der Tauschwert. Das ist nur die verrückte Verkehrung in der Warengesellschaft, in der sich ein König Midas wünschen kann, daß alles, was er berührt, sofort zu Gold werden möge, ohne zu merken, daß er dann verhungern wird, weil er dann nicht mehr an den eigentlichen Inhalt allen Reichtums herankommt: den Gebrauchswert.

Der Gebrauchswert eines Dings konstituiert sich durch die Bedürfnisse von Menschen. Wenn ein Ding oder eine Dienstleistung durch irgendeine Eigenschaft irgendein menschliches Bedürfnis befriedigen kann, dann hat es Gebrauchswert. Menschliche Bedürfnisse müssen gespürt werden. Erst dann können sie sich betätigen. Die Alternative zum wertenden Vergleich und damit zum Prestigedenken ist das Spüren.

Aus dieser Alternative entstehen zwei parallele und alternative Welten. Die eine ist eine Welt des Sich-selbst-Spürens, in der die Kriterien für Erfolg und Mißerfolg im Individuum liegen, das dem eigenen Gefühl traut und sich nicht um Billigung und Mißbilligung anderer schert. In der anderen Welt liegt der Maßstab außerhalb des Individuums, das sich deshalb vollständig an anderen orientiert und Bestätigung nur in der Anerkennung anderer, insbesondere Höhergestellter, sucht. Beide Welten hängen zusammen und ergänzen sich gegenseitig. Zugleich stehen sie in Gegensatz zueinander.

Ein Beispiel möge dies verdeutlichen: Bei empirischen Untersuchungen zur Zufriedenheit stellte sich quer durch alle Kulturen heraus, daß reiche Leute zufriedener sind als Arme, daß gebildete Leute zufriedener sind als weniger gebildete und daß ältere Menschen zufriedener sind als jüngere. Geld, Bildung und Erfolg, kurz Prestige, macht offensichtlich zufrieden.[3]

Andererseits hat Michaly Csikszentmihalyi[4] ebenfalls in interkulturellen Studien herausgefunden, daß es ein überaus positives Lebensgefühl gibt, das völlig unabhängig ist vom Einkommen, vom Alter, von der sozialen Stellung und allen anderen Elementen des Vergleichs. Csikszentmihalyi nannte es »flow«, weil die Menschen, bei denen es auftrat, kein Bewußtsein mehr für das Vergehen der Zeit hatten, sondern so in ihrer Aufgabe versunken waren, daß sie mit ihr flossen wie in einem Strom.

Csikszentmihalyi hatte dafür ein einfaches, aber überzeugendes Verfahren entwickelt. Er konnte seine Probanden zu willkürlich gewählten Zeitpunkten anpiepsen, worauf diese einen kurzen Fragebogen ausfüllten, in dem sie angaben, was sie gerade taten, wo sie sich befanden und wie es ihnen ging, ob sie sich langweilten, sich gut fühlten und wie ihr Zeitempfinden war. Es stellte sich dabei heraus, daß die Menschen meist dann, wenn sie erwarteten, besonders glücklich zu sein, im Urlaub, am Wochenende oder Feierabend, nur ausnahmsweise das erhoffte Glücksgefühl erlebten. Meist kamen die Menschen in den alles absorbierenden Rauschzustand bei der Arbeit oder bei Freizeitbeschäftigungen wie Klettern, Schreiben, Musizieren, die sie ganz und gar in Beschlag nahmen.

Als Voraussetzung für solch ein »Aufgehen in der Aufgabe« ermittelte Csikszentmihalyi: Die Tätigkeit muß stetig begleitet sein von klaren Rückmeldungen über Erfolg und Mißerfolg des Handelns, wobei die Erfolge deutlich überwiegen müssen. Dabei ist die Glaubwürdigkeit der Rückmeldung entscheidend. Lob ohne Grundlage wirkt eher demotivierend. Eine weitere, unverzichtbare Voraussetzung für Glück ist die beständige, aber nur leichte Überforderung durch die Aufgabe. Sie muß mit dem Können beständig mitwachsen, so daß man sich nie ganz sicher ist, ob man die Aufgabe schafft, ihr aber doch mit Zuversicht entgegenblicken kann.

Solche persönlichen Glückserlebnisse sind etwas ganz anderes als die Zufriedenheit, die Gegenstand repräsentativer Umfragen ist. Zufriedenheit entsteht aus dem Vergleich. Das Glücksgefühl, in einer Aufgabe aufzugehen, erwächst aus dem Bezug zur Sache. Aus dem Vergleich gewonnene Zufriedenheit stellt gesellschaftliche Bezüge her. Im Vergleich entstehen kohärente Wahrnehmungen über gesellschaftliche Beziehungen und Abstufungen. Der Selbstbezug im Glück findet zwar in der Gesellschaft statt und gestaltet Gesellschaft mit, doch er bleibt unbewußt. Bewußt wird Gesellschaft durch den Vergleich.

Neue Produkte, neue Verfahren, neue Sicht- und Denkweisen werden nicht durch Vergleich und Prestigestreben erzeugt, sondern durch Versenkung in die stofflichen Probleme und ihre Lösung. Die Motivation dazu kann aus dem Prestigevergleich kommen, doch dieser reicht nicht aus, um die Problemlösung auf den Weg zu bringen.

Bewußte Gesellschaftlichkeit stellt sich also erst durch das vergleichende Denken her. Dabei nehmen sich die Mitglieder einer Gesellschaft als Teile eines Ganzen wahr. Indem sie ihre eigene Prestigeposition zu erkennen glauben, bilden sie ein inneres Modell von Gesellschaft, das ihr Verhalten in der realen Gesellschaft bestimmt.

Der Unterschied kann am Beispiel der Körpers gut verdeutlicht werden. Hermann Schmitz unterscheidet zwischen Körper und Leib: »Wenn ich vom Leib spreche, denke ich nicht an den menschlichen oder tierischen Körper, den man besichtigen und betasten kann, sondern an das, was man in dieser Gegend von sich spürt, ohne über ein ›Sinnesorgan‹ wie Auge oder Hand zu verfügen, das man zum Zweck dieses Spürens willkürlich einsetzen könnte.«[5] Der Körper dagegen wird von außen, etwa im Spiegel, gesehen. Die Augen, die auf ihn schauen, sind in ihrem Blick gesellschaftlich geprägt. Barbara Duden hat an den Aufzeichnungen eines Arztes aus dem 18. Jahrhundert gezeigt, wie sehr der Blick auf uns selbst durch den jeweiligen Stand der Wissenschaft geformt ist. Damals betrachtete die Medizin den Körper als ein System von Säften, deren Gleichgewicht resp. Ungleichgewicht den guten resp. schlechten Zustand von Seele, Geist und Körper bedingte. Dementsprechend nahmen sich die Menschen wahr und achteten – Männer wie Frauen – besonders auf ihre Ausflüsse. Heute haben wir die Anatomie und Physiologie der modernen Medizin im Kopf und spüren angeblich jedes einzelne Organ, ob Magen, Darm, Niere oder Prostata.[6] Darüber hinaus ist der Blick auf den eigenen und auf fremde Körper geprägt durch die gesellschaftlich jeweils gültigen Schönheitsideale, also vom prestigeorientierten, wertenden Vergleich. Magersüchtige Frauen, angetrieben von einem extrem schlanken Schönheitsideal, erleben häufig ihren ausgemergelten Körper als aufgebläht und dick, weil bei ihnen – nach Schmitz – der Leib gegen den Körper nicht mehr ankommt. Der Blick von außen hat die Fähigkeit zum Spüren von innen überwältigt.

Diese Unterscheidung zwischen Leib und Körper kann einen ansonsten schwer erklärlichen empirisch festgestellten kulturellen Unterschied zwischen Ost- und Westdeutschen erhellen: Aike Hessel, Michael Geyer, Julia Würz und Elmar Brähler haben 1997 in einer repräsentativen Befragung herausgefunden, daß westdeutsche Männer und Frauen ein problematischeres Verhältnis zu ihrem Körper haben als Ostdeutsche, weil

1. Westdeutsche bezüglich ihrer Körperlichkeit narzißtischer sind,

2. Ostdeutsche sich mit ihrem eigenen Körper stärker identifizieren.

Die Sozialmediziner resümierten: »Insgesamt verdeutlichen diese Unterschiede die höhere Zufriedenheit der Ostdeutschen mit ihrem Körper. Die Körperlichkeit wird lust- und genußvoller erlebt und unterliegt offenbar weniger Aspekten der Konkurrenz und Leistung.«[7]

Nach meinem Schema von den zwei Welten, der Welt des selbstbezogenen Spürens, zu der der Leib gehört, und der Welt des bewertenden Vergleichs, zu der der Körper gehört, könnte man den Unterschied so erklären: In Ostdeutschland hat sich der bewertende Vergleich noch nicht so durchgesetzt wie in Westdeutschland, das Leibempfinden dominiert noch über das Körpergefühl.[8]

Wie aber kam es zu diesem kulturellen Unterschied?

Die zwei Dimensionen des Prestiges

In Anlehnung an Pierre Bourdieu[9] kann Prestige in zwei Dimensionen aufgeteilt werden. Die eine ist die ökonomische: Damit sind alle Elemente des Prestiges erfaßt, die sich in Geld ausdrücken bzw. mit dem nötigen Geld erwerben lassen. Die andere ist die kulturelle: Damit sind alle Elemente des Prestiges gemeint, die sich nicht unmittelbar in Geld ausdrücken bzw. mit Geld erwerben lassen. Zwar hat alles seinen Preis. Der »gute« Geschmack, Schönheit, Begabung, Intelligenz, Beweglichkeit sind Beispiele für prestigeträchtige Eigenschaften, die nicht für Geld zu haben sind.

Mit diesen beiden Dimensionen lassen sich die Prestigepositionen einer Gesellschaft übersichtlich darstellen (siehe Abbildung 3).

Die Pfeile im Diagramm zeigen schematisch die Prestigeorientierung an. Sie richtet sich in der Regel auf eine Kombination von ökonomischem und kulturellem Prestige. Doch ist diese Kombination unterschiedlich ausgeprägt, je nachdem, in welchem Sektor der Gesellschaft sich die Menschen befinden. Die Untersuchungen über Wertewandel zeigen,

Abbildung 3: Prestigepositionen nach den kulturellen und ökonomischen Dimensionen

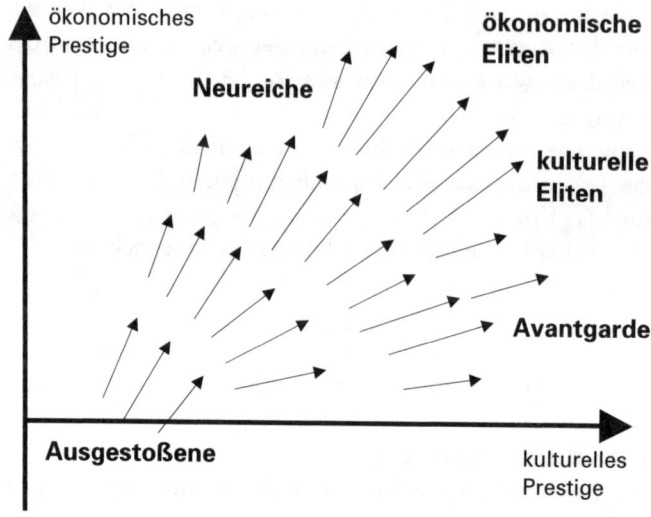

daß Menschen, die über geringes kulturelles und ökonomisches Prestige verfügen, vorwiegend materiell orientiert sind, während solche, die materiell einigermaßen gesättigt sind, sogenannten »postmateriellen« Werten, also verstärkt dem kulturellen Prestige zuneigen.[10] Intellektuelle wissen, daß ab einem gewissen Bildungsgrad kulturelles Prestige zum Selbstwert wird, weit wichtiger als alle Ökonomie. Diese Ergebnisse legen einen fächerartigen Verlauf der Prestigeorientierung nahe.

Die gestaffelten Pfeile sollen andeuten, daß der Aufstieg selbstverständlich nicht unbegrenzt möglich ist. Von jedem Punkt aus geht es in einer Zeitperiode nur ein kleines Stück nach oben. Zuviel Aufstieg käme einer kulturellen Überforderung gleich – es sei denn, man ist ein gekonnter Hochstapler wie Felix Krull.

Die Umrisse sind durch die Grenzen des Raumes bestimmt, in dem sich die Positionen des Prestiges bewegen. In der Regel geht eine Zunahme kulturellen Prestiges einher mit Zunahme des ökonomischen Prestiges, weil besser ausgebildete Arbeitskräfte in der Regel auch besser bezahlt werden, so daß die Untergrenze zuerst ansteigt, dann aber – bei der Avantgarde – wieder sinkt.

Die Avantgarde verfügt über viel kulturelles Prestige, aber gleichzeitig über wenig ökonomisches Prestige. Zu ihr gehören Studierende und viele, die sich im Randbereich dessen befinden, was in Deutschland als Kulturbetrieb gilt: Schriftstellerei, Schauspiel, Tanz, Malerei, Film, Architektur etc. Ihnen ist das hohe Ausmaß kulturellen Prestiges wichtiger als alles andere, und sie schauen sogar mit Mißtrauen oder gar Verachtung auf diejenigen, die zu ökonomischem Prestige Zugang erhalten. Oft genug wird das als Beweis der kulturellen Korruption verstanden.

In der Avantgarde trifft man auf zwei eigentlich widerstrebende Grundmotivationen, die ihre Anhänger kennzeichnen. Die eine stammt aus der Welt des wertenden Vergleichs. Es ist wichtig, anders zu sein als der »Mainstream«, als die Kleinbürger oder was die Vertreter dieser Richtung sonst an abwertenden Bezeichnungen verwenden für die, von denen es sich abzusetzen gilt. Die Avantgarde hat früh gelernt, daß es eine besondere Befriedigung schafft, anders zu sein. Dann gelten die allgemeinen Maßstäbe nicht mehr, man erhält Aufmerksamkeit und kann für sich einen Sonderstatus beanspruchen.

Die andere Motivation stammt aus der Welt des Selbst- und Sachbezuges. Menschen, die von ihrer Sache so überzeugt sind und sich dabei nur von ihrem Gefühl leiten lassen und sich um Erfolg und ökonomisches Prestige nicht kümmern, geraten leicht in die Avantgarde, manchmal ohne es selbst zu merken. Künstler wie Vincent van Gogh, der ein Leben lang kaum ein Bild verkaufte und dennoch weiter malte, sind wohlbekannte und oft zitierte (Extrem-)Beispiele für diese Art Motivation. Gleichgültig, welches Movens diese Menschen zu ihrem Tun antreibt, es läßt sie zu Lieferanten immer neuer Sichtweisen und kultureller Praktiken werden, einige davon wirklich revolutionär, andere nur triviale Variationen oder aufgewärmte Nachahmungen vergangener Epochen. Da die Avantgarden, weil selbst arm, zusammen mit den Ausgestoßenen und anderen Minderbemittelten in den gleichen Quartieren leben, kommt es häufig vor, daß sie kulturelle Praktiken aus ihrer Umgebung aufnehmen, verfremden, umwandeln, übertreiben und auf diesem Weg in die kulturelle Zirkulation einbringen.

Die ökonomische Dimension des Prestiges erfaßt einen wesentlichen Bereich der menschlichen Existenz. Ein Großteil der Mittel, mit denen soziale Stellung ausgedrückt wird, wird über die Ökonomie vermittelt. Sie liefert die Energie, die den Prozeß der gesellschaftlichen Differenzierung und des Wandels antreibt. In Gesellschaften mit Mangelwirtschaft, wie in der DDR, ist Konkurrenz um Prestigepositionen sehr viel weniger möglich als in Gesellschaften des Überflusses, wie in der alten BRD. Das erklärt einige kulturelle Unterschiede zwischen beiden Gesellschaften, doch bei weitem nicht alle.

Einkommen und Vermögen sind meist der einfachste Weg, um an die Mittel zu gelangen, die einer Person Prestige in der Gesellschaft verleihen. Mitglieder der ökonomischen Elite sind häufig an ihren Attributen zu erkennen, z. B. der Sportwagen, die Luxuskarosse, die Villa in bester Lage, die Yacht oder der Privatjet. Die Angehörigen der »wirklichen« ökonomischen Elite brauchen sich aber nicht mit solchen Attributen zu schmücken. Sie können sich Diskretion und Lässigkeit leisten und halten eine Distanz, die ihr kulturelles Prestige besser unterstreicht als jeder Prunk.

Denn das ökonomische Prestige alleine genügt nicht. Nur zu leicht kippt es in neureiche Protzerei. Es ist das Kennzeichen der Neureichen, daß sie zwar über die Mittel des ökonomischen Prestiges, aber nicht über genügendes kulturelles Prestige verfügen, um sie so einzusetzen, daß sie wirklich dazugehören. Neureiche gibt es heute bestenfalls noch in Sport und Fernsehen. In der Wirtschaft und auch Unterhaltungsbranche ist eine gewisse Bildung inzwischen unverzichtbare Voraussetzung für Aufstieg.

Kulturelles Prestige hat viel mit Bildung zu tun. Dabei ist der Grad formaler Ausbildung, also die Anzahl der Jahre, die man in Ausbildungsinstitutionen verbracht hat, und die Abschlüsse, die man erlangt hat, nur ein grober Indikator für kulturelles Prestige. Die richtige Intonation beim Sprechen, die »richtige« Gestik u. v. m. lassen sich nicht in Schulen lernen. Hierzu bedarf es der Zugehörigkeit zu einem kulturellen Milieu, das jedes Element der Körperlichkeit prägt und zum unbewußt, automatisch funktionierenden Teil der Person macht. Es sind die »feinen Unterschiede«[11], mit denen kulturelles Prestige ausgedrückt wird. Für den Uneingeweihten sind sie häufig nicht wahrnehmbar. Menschen, die darauf aus sind, dorthin aufzusteigen, kennen jede Nuance und nehmen jede Abweichung wahr. Es sind solche subtilen Elemente des Alltagshandelns, die Kultur mitdefinieren.

Die kulturellen Eliten sind diejenigen, die über das Maximum an kulturellem Prestige verfügen. Dieses ist nur mit einem erheblichen Aufwand an ökonomischem Prestige zu erreichen. Selbst ein solides Wissen über den historischen Materialismus von Marx kostet eine beträchtliches Sümmchen, wie schon Bertolt Brecht treffend bemerkt hat.[12] Dies gilt um so mehr für die Leitungen der großen Verlage, Zeitungen, Sendeanstalten, Galerien, Theater, Werbeagenturen, Modefirmen, Design- und Architekturbüros. Auch Nobelpreisträger müssen ihre lange Studien- und Forschungszeiten mit erheblichen Investitionen erkaufen. Aber richtig reich, so daß er zur ökonomischen Elite gezählt werden könnte, wird niemand im kulturellen Gewerbe oder in der Wissenschaft.

Beim kulturellen Prestige ist weniger als null kaum denkbar. Zwar erscheinen von jedem Punkt aus diejenigen, die weniger kulturelles Prestige haben, mit negativem kulturellem Prestige behaftet. Doch jeder Mensch, der über Bewußtsein verfügt, beherrscht einige kulturelle Praktiken, hat mit Sprache und Bewegungen ein Minimum an Kulturation erlebt. Von Geburt an geistig schwerbehinderte Personen haben das gesellschaftliche Minimum an kulturellem Prestige. Wenn sie auch noch arme Eltern haben, besetzen sie die niedrigste Position in der Hierarchie der Prestigepositionen.

Beim ökonomischen Prestige sind negative Werte durchaus denkbar. Hohe Schulden oder Verluste müssen aber nicht negatives ökonomisches Prestige bedeuten. Im Gegenteil: Solange die Kreditwürdigkeit gewahrt bleibt, können sie besonders hohes ökonomisches Prestige bedeuten. Banale Armut, das Angewiesensein auf fremde Hilfe, Überschuldung sind Situationen, in denen man in den Negativbereich des ökonomischen Prestiges gerät. Daß Armut die nicht zu unterschreitende Untergrenze an ökonomischem Prestige darstellt, zeigt sich schon allein daran, daß der Ausschluß von der gesellschaftlichen Teilhabe als typisches Kennzeichen der Armut gilt.

Die Entstehung und Verbreitung von kulturellem Wandel

Nach den Erkenntnissen von Elias müssen die nach oben gerichteten Pfeile in Diagramm 3 nur umgedreht werden, um die Verbreitungswege der Alltagskultur anzuzeigen. Denn die Menschen versuchen ihr Prestige zu steigern, indem sie sich die Gegenstände und Verhaltensweise derjenigen aneignen, die sie in einer Prestigeposition wahrnehmen, die erstens über ihnen steht und die sie zweitens für erreichbar und glaubwürdig besetzbar halten. Auf diese Weise wandern kulturelle Praktiken und Ausstattungen der ökonomischen und kulturellen Eliten innerhalb der Gesellschaft von Segment zu Segment von oben rechts nach unten links. Die Eliten verlieren dabei ihren Sonderstatus. Ihr Verhalten und ihre Attribute werden Allgemeingut. Die Eliten stehen dann vor dem Problem, wieder neue kulturelle Praktiken entwickeln zu müssen, um sich auszuzeichnen. Die Frage ist: Woher kommen diese?

Die nächstliegende Möglichkeit wäre, die neuen Praktiken selbst zu erschaffen. In einem gewissen Umfang geschieht das auch. Doch ihr hervorgehobener Status erlaubt nur eine geringe Bandbreite von Kreativität. Außerdem liegen die Eliten in so heftiger Konkurrenz zueinander, daß es für sie unmöglich ist, von einem anderen Mitglied der Elite etwas zu übernehmen, denn das würde das Eingeständnis einer gewissen Unterlegenheit bedeuten.

Eine andere Möglichkeit ist, die neuen kulturellen Praktiken von ausländischen Eliten zu übernehmen. Dafür gibt es unzählige historische Beispiele. Mit der Ausdehnung des Welthandels seit der Bronzezeit entwickelte sich eine Prestigehierarchie unter den Ländern der Welt ganz ähnlich der des gerade vorgestellten Modells für eine einzelne Gesellschaft. Von denjenigen Gesellschaften, die an der Spitze der Hierarchie wahrgenommen wurden, wurden viele Alltagspraktiken übernommen. Persien und Griechenland in der Antike. Rom, Byzanz und die arabische Welt im Mittelalter. In der Neuzeit Frankreich. Heute sind es die USA. Die kulturellen Praktiken ihrer Eliten wandern nicht nur durch ihre eigenen Gesellschaften, sondern über die ganze Welt.

Dabei ist es wichtig, zwischen dem weltweiten Verkauf billiger und attraktiver Massenwaren wie Coca-Cola und der weltweiten Verbreitung kultureller Praktiken zu unterscheiden. Häufig wird ersteres bereits als Kulturimperialismus kritisiert. Allein der Kauf amerikanischer Billigwaren verändert jedoch den kulturell bestimmten Gebrauch dieser Waren nicht. In Japan muß auch das amerikanische Popgetränk von der Frau ausgeschenkt werden, und zwar streng nach Hierarchie an die ältesten und ehrwürdigsten Männer zuerst und dann erst nach gleicher Rangfolge an die Frauen.

Die dritte Möglichkeit ist, daß die Eliten sich aus dem reichen Angebot neuer kultureller Praktiken, das laufend von den Avantgarden erzeugt wird, diejenigen auswählen und übernehmen, die besonders geeignet erscheinen, die notwendige Distanz und Überlegenheit zu symbolisieren. Aus der Kunstgeschichte gibt es dafür viele Beispiele: Eines liefert die literarische und künstlerische Avantgarde in den ersten drei Jahrzehnten des 20. Jahrhunderts. Sie brachte eine Vielzahl neuer, revolutionärer Schreibstile, Umgangsformen und Sichtweisen hervor, Impressionismus, Expressionismus, Dadaismus.[13] Diese wurden zuerst von der kulturellen Elite in den großen Verlagen und Galerien, dann von der ökonomischen Elite und im Zuge der Kulturverbreitung schließlich von der ganzen Gesellschaft übernommen und sind heute Allgemeingut.

Ein besonders eindrucksvolles Beispiel dafür ist der bereits erwähnte van Gogh, dessen Bilder seinerzeit gegen die Rezeptions- und Geschmackskonventionen verstießen. Heute sind seine Sonnenblumen in jedem Kaufhaus zu finden und gehören wie die betenden Hände von Albrecht Dürer zum Grundbestand des deutschen Kitsches. Seine Originale erzielen gleichzeitig Höchstpreise bei internationalen Auktionen.

Die Funktion der Avantgarde in der Kunst scheint durchaus übertragbar auf die Entwicklung alltagskultureller Muster. So hat die Studentenrevolte, eine durch und durch avantgardistische Bewegung, Ende der sechziger und in den siebziger Jahren die sexuelle Befreiung als antifaschistischen Akt heftig gepredigt und halbherzig praktiziert. Hätten die Obdachlosen und Armen das gleiche getan, es hätte kaum gesellschaftsverändernde Wirkung gehabt. So aber ist es von

Teilen der kulturellen Eliten aufgegriffen, dabei seines anti-faschistischen Kerns entledigt und hedonistisch umfunktioniert worden. Weiter modifiziert, gelangte es als Auflockerung der bürgerlichen Ehe und Familie zu den ökonomischen Eliten und nahm von hier aus seinen Gang durch die Gesellschaft. Heute ist die sexuelle Befreiung in nicht wiederzuerkennender Form bei Ballermann 6 auf Mallorca angelangt. Die avantgardistischen Encounter- und Selbsterfahrungsgruppen der Endsiebziger finden heute ihre Entsprechung in den allfälligen Talkshows im Fernsehen.

Eine ähnliche Entwicklung hat Ludwik Fleck[14], auf den sich der Begründer der Theorie vom Paradigmenwechsel, Thomas Kuhn, stützt, im Wissenschaftsbetrieb ausgemacht. Eine später als selbstverständlich geltende wissenschaftliche Tatsache nimmt ihren Anfang als revolutionäre Sichtweise innerhalb der wissenschaftlichen Avantgarde. Das sind die ungesicherten jungen Forscher, die wissenschaftlichen Hilfskräfte und Promovierende, die um Aufstieg und Reputation bemüht über sehr viel kulturelles, aber noch über wenig ökonomisches Prestige verfügen. Die neue Theorie entsteht normalerweise als unorthodoxe Idee innerhalb orthodoxen Denkens, nimmt nach und nach einen größeren Raum ein und wird schließlich zum Grundprinzip einer neuen Gestaltsicht. Innerhalb der Avantgarde wird die neue Sichtweise diskutiert und gewinnt Anhänger, während sie von der etablierten Wissenschaft ignoriert oder diskreditiert wird. Nach und nach entsteht ein Denkkollektiv mit einer neuen Theorie. Der anfangs radikale Gedanke wird systematisiert, geschliffen, aufgeputzt und präsentabel gemacht. Einzelne bereits etablierte Wissenschaftler nehmen sich nun der neuen Denkrichtung an. Publikationen in exotischen Journalen häufen sich. Gegenseitige Verweise schaffen eine neue Schule. So rücken Mitglieder der neuen Richtung in die Reihen der kulturellen Elite ein und ziehen nach dem Muster der allseits bekannten Seilschaften andere nach sich, bis sich ein Generationenwechsel ergibt, der die neue Position zur herrschenden Lehre macht.

Nun wird die neue Theorie repräsentativ und herrschaftlich. Sie landet in renommierten Journalen und auf Kongressen. Sie wird von Wissenschaftsjournalisten zur Kenntnis genommen, dann von Essayisten und sogar von Titelgeschichtenschreibern der großen Magazine und des Fernsehens. Dabei wird die Theorie vereinfacht und gleichzeitig dogmatisiert. Differenzierungen, Unklarheiten und Nuancen verschwinden immer mehr in dem Maße, in dem die Theorie sich weiter verbreitet. Sie wandert von Schicht zu Schicht, wird immer mehr vergröbert und griffiger gemacht, bis sie schließlich in den Lehrplänen der Schulen landet und in der Boulevardpresse. Dann ist sie zu einem Teil des »gesunden Menschenverstandes« und damit zur allgemein akzeptierten Tatsache geworden.

Bourdieu hat für alltagskulturelle Inhalte, auch für das Körperideal, eine ganz ähnliche stilistische Differenzierung gefunden. Aus dem ausgefallenen Stil entsteht bei den kulturellen Eliten ein verfeinerter Stil, der von den ökonomischen Eliten ins Repräsentative gewendet wird und als protzige Karikatur zu den Neureichen wandert. Auf dem Weg – im Diagramm 3 nach links unten – werden die Inhalte im Kleinbürgertum dogmatisiert. Sie werden simplifiziert und zurechtgestutzt und enden schließlich als grobe, kaum mehr an ihren Ursprung in der Avantgarde erinnernde Elemente im allgemeinen Verständnis. Daraus ergibt sich eine systematische Verteilung der Stile, die weitgehend unabhängig von den aktuell geltenden Inhalten sind (vgl. Abbildung 4).

Die Eliten in einer Gesellschaft haben demnach die Wahl zwischen drei verschiedenen Wegen, um sich neue kulturelle Praktiken anzueignen, mit deren Hilfe sie wieder ihre überlegene Stellung gegenüber den sie imitierenden, nachdrängenden Schichten herstellen können. Die Entscheidung, welchen Weg sie wählen, wird vermutlich danach ausfallen,

Abbildung 4: Entstehung und Verbreitung neuer kultureller Praktiken: Die Verteilung der Stile

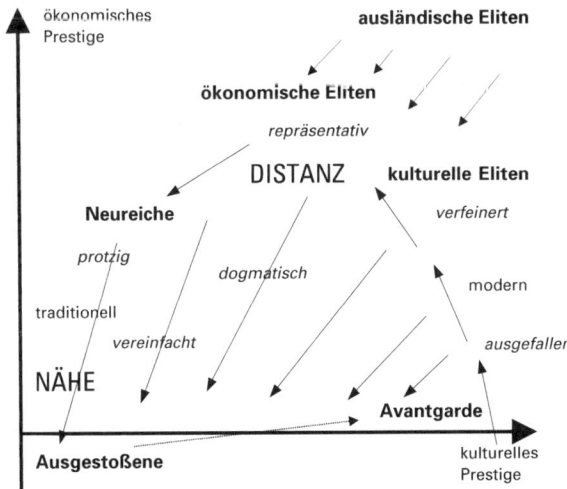

welche der zur Verfügung stehenden Alternativen die größte Chance verspricht, die gewünschte Distanz und den Prestigevorteil zu wahren oder gar auszubauen.

Das erklärt, weshalb die Mehrzahl unserer Alltagsnormen Distanz ausdrücken. Kindern wird beigebracht, sie sollen nicht glotzen, niemanden anstarren. Als Erwachsene sitzen sie dann mit leeren, ausdruckslosen Distanzgesichtern im Bus, stehen im Aufzug nebeneinander, als ob niemand sonst da wäre, senken den Blick, wenn sie auf der Straße Fremden begegnen. In anderen Kulturen, zum Beispiel wurde mir das über Burkina Faso und andere südlich der Sahara gelegene westafrikanische Kulturen berichtet, wird in solchen Situationen lebhaft geredet und sich angeschaut, was nicht bedeutet, daß man sich zuhört. Deshalb vermutlich erleben Immi-

87

granten und Stipendiaten aus solchen Gesellschaften die Deutschen insgesamt als sehr distanziert und kalt.[15]

Das erklärt auch, weshalb es – wie immer die jeweiligen Alltagsnormen aussehen – einen deutlichen Unterschied in den Distanzregeln (unten links und oben rechts im Diagramm 4) gibt. In der Kleinbürger- und Arbeiterkultur herrschen die Distanzregeln von vorvorgestern, die im Vergleich zu den neuesten, die gerade bei den Eliten aufkommen, noch Nähe und enge Kommunikation bedeuten.

Das Schema zeigt gleichzeitig die Zeitdimension dieses Prozesses. Zu einem gegebenen Zeitpunkt sind die neuen, modernen Verhaltensweisen jeweils zwischen Avantgarde und kultureller Elite angesiedelt. Modern ist dabei kein Ausdruck eines bestimmten Inhalts, sondern bezeichnet schlicht das jeweils akzeptierte Neue. Das gilt auch für die »Postmoderne«. Auch ihre Praktiken sind zuerst ausgefallen, dann »modern« gewesen und setzen sich nun in immer dogmatischerer Form in der Gesellschaft durch, bis sie zu neuen Traditionen gerinnen und in Ritualen erstarren, denen niemand mehr den avantgardistischen philosophischen Ursprung ansieht. In der Architektur ist dies längst geschehen.

Die Avantgarde wohnt häufig in denselben Bezirken wie die Ausgestoßenen, weil dort die Mieten billig und die Kontraste zur »Normalgesellschaft« besonders groß sind. Von den dortigen Verhältnissen hat sich die Avantgarde immer wieder Formen und Anregungen geholt, die sie in überhöhter oder verfremdeter Form in die »Zirkulation« der kulturellen Praktiken eingebracht hat. Das soll mit dem gestrichelten Pfeil von links unten zur Avantgarde ausgedrückt werden.

Die Verbreitung kultureller Praktiken durch Imitation scheint an zwei Bedingungen geknüpft. Die eine ist, daß zwischen der Personengruppe, die imitiert wird, und denjenigen, die imitieren, kein allzu großer sozialer Abstand bestehen darf. Zwar schreibt die westdeutsche Regenbogenpresse seit Jahrzehnten wöchentlich über die europäischen Königshäuser und die sonstigen Reichen und Schönen aus dem internationalen Jet-Set. Das führt bei der (überwiegend weiblichen) Leserschaft keineswegs dazu, daß sie sich wie Prinzessin Caroline oder Michael Jackson kleidet oder benimmt. Wenn aber der etwas besser gestellte Nachbar anfängt, statt Bier Wein zu trinken, oder die Nachbarin Reproduktionen abstrakter Kunst in der »guten Stube« aufhängt, dann übt das Anpassungsdruck aus.

Dieses gilt selbst dann, wenn man eigentlich gar nicht auf Prestigesteigerung aus ist. Silvia Bovenschen beschreibt das in ihrem Buch *Über die Listen der Mode* sehr treffend: »Es gibt unter den Intellektuellen viele, die verachten die Mode. Die Rache der Mode ist schrecklich. Das geht so: Ein Individuum – sagen wir, um den Fall plausibel erscheinen zu lassen, es handele sich um einen deutschen Mann – trägt eine Hose. Er trägt dieses Kleidungsstück seit etlichen Jahren. Vermutlich hat er es selbst gekauft, er kann sich nicht mehr erinnern. Eines Tages hat er das diffuse Gefühl, daß es an seinem Äußeren etwas gibt, das es von allen anderen männlichen Individuen unterscheidet. Das kann er nicht wollen – sonst verhielte er sich ja zum Beispiel modisch. Es dauert nun noch eine ganze Zeit, denn seine Wahrnehmung ist in diesem Bereich nicht geschärft, bis er dahinterkommt, worin die Abweichung vom Erscheinungsbild der anderen besteht. Es ist – wir wählen ein beliebiges Beispiel – die enorme Weite, mit der seine Hose um Unterschenkel und Knöchel schlackert. Unser Individuum muß nun eine vorsichtige Angleichung vornehmen, um die Auffälligkeit zu beseitigen, und die Sache beginnt in relativ regelmäßigen Zeitintervallen immer wieder von vorne.«[16]

Die zweite Bedingung für die Verbreitung alltagskultureller Praktiken ist der enge Kontakt. Medien scheinen für den Transport kultureller Praktiken nicht zu genügen. Das legt jedenfalls die deutsch-deutsche Geschichte nahe: Mit dem Bau der Mauer war der enge Kontakt zwischen den Menschen in Ost- und Westdeutschland zuerst ganz unterbrochen und dann stark reduziert. Verwandtenbesuche wurden im Laufe der Zeit öfter möglich. Von West- nach Ostberlin gab es einen regen und mit den Jahren wachsenden Besuchsverkehr. Im sozialistischen Ausland konnten sich Ost- und Westdeutsche ebenfalls treffen. Da machten die DDR-Bürger jedoch häufig die demütigende Erfahrung, daß sie die Deutschen zweiter Klasse waren, während die westdeutschen Devisenträger von allen Seiten hofiert (und bedrängt) wurden. Aber insgesamt hat es die Mauer doch geschafft, das physische Zusammentreffen von Ost- und Westdeutschen zum Ausnahmeerlebnis zu machen. Der Kontakt zu Amerikanern, Griechen, Türken, Italienern, Spaniern, Franzosen und dem anderen europäischen Ausland war für Westdeutsche daheim und im Urlaub leichter, häufiger und enger als zu den Ostdeutschen.

Gleichzeitig sahen die meisten Ostdeutschen häufig Westfernsehen, und zwar im Laufe der Zeit immer mehr, zuletzt vermutlich sogar mehr als die Westdeutschen. Wenn Medien kulturelle Praktiken transportieren, dürften alltagskulturelle Unterschiede zwischen Ost- und Westdeutschland nicht existieren. Die Ostdeutschen hätten alle neuen, prestigeträchtigen Trends mitmachen müssen, soweit sie nicht an unerreichbare Konsumgüter gebunden waren: etwa die neue mit Amerikanismen durchsetzte Sprache, die Verschiebung zuerst von Bier zum Wein, dann zu immer trockeneren Weinen, der zunehmend informelle Umgang miteinander, die neue Kultur der Einsamkeit im Single-Leben etc. etc. Das aber ist nicht der Fall. Der einzige Bereich, in dem Medien eine nachweisbare Fernwirkung haben, ist bei der Musik. Ansonsten scheint der enge Kontakt notwendig zu sein, das wirkliche Zusammentreffen, damit die Details des andersartigen Verhaltens erlebt, der Prestigeunterschied wahrgenommen werden kann und ein Prestigegewinn durch Anpassung überhaupt möglich erscheint.

Wenn Medien alltagskulturelle Praktiken transportieren,

hätten zudem diejenigen Gebiete der DDR, in denen kein Westfernsehen zu empfangen war, im Süden um Dresden herum und in der Gegend östlich von Stralsund, hinter den anderen Gebieten hinterherhinken oder gar abfallen müssen. Aus dem »Tal der Ahnungslosen« sind mir jedoch keine wesentlichen alltagskulturellen Unterschiede zum Rest der DDR berichtet worden. Der einzige, im Rückblick feststellbare Unterschied ist, daß es dort mehr Ausreiseanträge und eine größere Anzahl von nicht »richtig« abgegebenen Stimmen bei Wahlen gab.

Man kann daraus schließen: Medien können vorhandene alltagskulturelle Trends wahrscheinlich beschleunigen und verstärken, aber nicht erzeugen. Zur Verbreitung alltagskultureller Praktiken bedarf es der engen Kontakte, der physischen Begegnung von sozial nicht zu weit auseinanderliegenden Personen.

Wendet man das Modell kulturellen Wandels auf die Geschichte der beiden deutschen Staaten nach dem Zweiten Weltkrieg an, so ergeben sich interessante theoretische Perspektiven:

In Westdeutschland hat der Wohlstand zu einer wachsenden Differenzierung der Gesellschaft geführt. Einkommensunterschiede von mehr als dem 160fachen sind heute zur Selbstverständlichkeit geworden. Die Gagen der Rennfahrer, Manager und Entertainer werden stolz und öffentlich gehandelt. Die Möglichkeiten der Konkurrenz um Prestigepositionen sind seit den fünfziger Jahren ins Ungeheure gewachsen, und sie werden immer ungehemmter praktiziert. Das Wissen um die eigene und das schnelle Erkennen der fremden Prestigepositionen werden von Kind auf erlernt und gehen als unbewußte Fähigkeit und beständiger Teil der Wahrnehmung in das Grundrepertoire der Westdeutschen ein.

Gleichzeitig führten der Wohlstand und die in großen Streiks erkämpfte faktische Gleichstellung von Arbeitern und Angestellten und zunehmend kürzere Arbeitszeiten in der westdeutschen Gesellschaft dazu, daß viele Arbeiterfamilien sich ein kulturelles und ökonomisches Prestigeniveau aneignen konnten, das früher den Mittelklassen vorbehalten war. So entstand der Eindruck von einer nivellierten Mittelstandsgesellschaft. Sie war jedoch nur an ihrem unteren Ende nivelliert. Nach oben hin entwickelte sich das Gegenteil.

Die immer engere Verflechtung mit der amerikanischen Wirtschaft und Politik führte zu engen persönlichen Kontakten und einer regen Reisetätigkeit. Die westdeutschen Eliten, die sich in ihrer konservativen Fraktion anfangs gegen die unkultivierten, gar kulturlosen Amis gewehrt hatten (Kampagne gegen »Schmutz und Schund« in den fünfziger Jahren), erlebten in Amerika selbst, welche anderen Möglichkeiten es gab, als Elite aufzutreten. Zugleich wurde ihnen nur zu klar, daß ihre US-amerikanischen Gegenparte einen ungleich höheren Status sowohl im ökonomischen wie im kulturellen Prestige genossen. Sie übernahmen auf allen Ebenen US-amerikanische kulturelle Praktiken, die sehr schnell von der gesamten Gesellschaft übernommen wurden und sie bis in die letzte Ecke prägten.

Die BRD ist in den 50 Jahren seit ihrer Gründung mit der Zunahme von Konkurrenz und Ungleichheit immer amerikanischer und mittelständischer geworden.

Die DDR war indessen geprägt durch die Mangelwirtschaft. Meinem Modell zufolge mußten die Differenzierungen, die in Westdeutschland geradezu explodierten, in der DDR zurückgehen. Und tatsächlich fand eine Entdifferenzierung und Angleichung innerhalb der Gesellschaft statt. Sie war zum einen bedingt durch den Mangel, zum anderen wurde sie durch die Flucht großer Teile der traditionellen ökonomischen und kulturellen Eliten beschleunigt. Auch war das Planen für eine zentral geplante Gesellschaft leichter, je weniger differenziert sie war. Es bestand deshalb von seiten der DDR-Führung nicht nur ein ideologisches (Gerechtigkeit durch Gleichheit als Grundgedanke des Sozialismus), sondern ein ganz praktisches Interesse daran, die Differenzierungen innerhalb der Gesellschaft so weit wie möglich zurückzunehmen und sie in Richtung einer Gemeinschaft von Gleichen zu drängen. Hierin konnte sich die sozialistische Führung der DDR mit den kulturell konservativen bäuerlichen und proletarischen Schichten einig fühlen. Im Endeffekt entstand so die vermutlich egalitärste Gesellschaft in der deutschen Geschichte.

Weil einerseits die Differenzierungsmöglichkeiten durch ökonomisches Prestige so gering waren und weil andererseits die Grundversorgung für alle staatlich garantiert war, verwandelte sich die Gesellschaftsstruktur in ein relativ flaches Gebilde, das sich im Modell mit einer flachen Ellipse abbilden würde.

Das erklärt, warum sich das vergleichende, wertende Denken in Ostdeutschland nicht so stark ausgebreitet hat wie in Westdeutschland. Womit hätte man sich vergleichen, wonach hätte man streben, wohin aufsteigen sollen? Deshalb sahen vermutlich Frauen weniger Anlaß dazu, ihren Körper zum Prestigegewinn in der sozialen Konkurrenz einzubringen. Der Blick auf sich selbst von außen im wertenden Vergleich war weniger nötig, und so konnte sich das Leibgefühl besser bewahren. Damit liefert das Modell eine plausible Erklärung für den oben erwähnten Unterschied im Körpergefühl bei Ost- und Westdeutschen.

Demnach wäre die DDR »gleicher« und weniger in die Konkurrenz der Eitelkeiten verwickelt als die BRD.

Die UdSSR hatte in der DDR zwar eine außerordentlich starke Vorbildfunktion in allen politischen und institutionellen Fragen. Manchmal nahm das Bemühen darum groteske Formen an. Doch gleichzeitig hielt der große Bruder auf Distanz. In Westdeutschland wurden die Orte, in denen amerikanischen Streitkräfte stationiert waren, durch und durch von der Anwesenheit der Alliierten geprägt. Von den GIs hieß es, sie hätten drei Mängel: Sie seien overpaid, oversexed und over here. In der DDR war von den sowjetischen Garnisonen kaum etwas zu merken. Es gab zwar kein direktes Fraternisierungsverbot, aber den sowjetischen Soldaten fehlten ähnlich wie den französischen Soldaten in Süddeutschland sowohl die Mittel wie die Zeit, um sich außerhalb der Kasernen bemerkbar zu machen.

Alltagskulturell hat die Sowjetunion durchaus Spuren in der DDR hinterlassen. Für mich als Wessi ist das besonders schwierig wahrzunehmen. Doch nach Besuchen in der Ukraine und Rußland erscheint es mir so, als ob Kundenfeindschaft, Netzwerkversorgung, Gastfreundschaft, Familiensinn und eine Vorliebe für Hochprozentiges zu den Siegen gehörten, die in der Parole ausgedrückt werden: »Von der Sowjetunion lernen heißt siegen lernen!« Aber sie war nicht wie die USA im Westen das ökonomische und kulturelle Prestigevorbild. So sind vergleichsweise wenige Wörter und Bräuche in die Alltagskultur der DDR eingegangen: Datsche für Wochenendhaus, Sobbotnik für freiwilligen Arbeitseinsatz – sonst kaum etwas. Im Vergleich zu der mit Amerikanismen gespickten Sprache Westdeutschlands wird deutlich, daß die UdSSR keinen ähnlich prägenden Einfluß auf die Sprachgewohnheiten in der DDR gehabt haben kann. So gesehen ist Ostdeutschland deutscher geblieben als Westdeutschland.

Im übrigen wirkte in der DDR ein Mechanismus, den ich die Aufstiegsblockade nennen möchte. Die im Modell dargestellte Verbreitung kultureller Praktiken durch die Gesellschaft funktioniert nur, wenn die Hoffnung auf Prestigegewinn realistisch ist. Sobald der Eindruck aufkommt, daß nichts zu gewinnen ist, hört die Orientierung »nach oben« auf und der Verbreitungsweg kultureller Praktiken wird an dieser Stelle unterbrochen. Eine solche Wahrnehmungsverschiebung kennzeichnet eine Aufstiegsblockade. Entscheidend dabei ist nicht eine Veränderung in den wirklichen

Chancen, sondern allein die Veränderung in der Wahrnehmung.

Elias[17], von dem ich die Anregung zu diesem Gedanken habe, hat am Beispiel des deutschen Kulturbegriffs eindrucksvoll beschrieben, was passiert, wenn der Aufstieg blockiert erscheint. Weil die Oberschicht des deutschen Bürgertums – im Gegensatz zu Frankreich und England – keine Chancen sah, in den Adel aufzusteigen, hörte sie auf, sich am Adel zu orientieren. Sie setzte ihre eigenen alltagskulturellen Maßstäbe trotzig gegen die des Adels. Wo der Adel französisch sprach, sprach das Bürgertum deutsch. Da der Adel westlich orientiert war, entwickelte das deutsche Bürgertum eine antiwestliche Haltung. Weil der Adel kosmopolitisch und auf äußeren Stil bedacht war, setzte das deutsche Bürgertum auf Heimat, Innerlichkeit. Weil der Adel den Prunk liebte, pries das deutsche Bürgertum die Einfachheit und Bescheidenheit. Neue kulturelle Praktiken übernahm es nicht mehr von der höfischen Avantgarde, sondern richtete sich auf seine eigene intellektuelle Avantgarde wie Lessing, Goethe, Schiller, Wieland und erhob deren Sichtweisen zum Maßstab des Menschseins: Am deutschen Wesen soll die Welt genesen.

Das folgende Schema (Abbildung 5, siehe folgende Seite) verallgemeinert diese Erkenntnis von Elias und baut sie in das Modell ein.

Die Aufstiegsblockade in der DDR-Gesellschaft war allerdings nicht so scharf ausgeprägt wie die im deutschen Bürgertum des 18. Jahrhunderts. Das zeigt die Abbildung 6 (siehe folgende Seite).

Wer in der DDR aufsteigen wollte, mußte wie in jeder anderen Gesellschaft Loyalität gegenüber denjenigen zeigen, zu denen er aufsteigen wollte. In der DDR gab es aber außer in Kirche und Wissenschaft genaugenommen keine Alternative zur Partei- und Staatsloyalität.

Da Zugehörigkeit zur ökonomischen und kulturellen Elite in der Planwirtschaft immer zugleich Zugehörigkeit zur

Abbildung 5: Das Modell bei Aufstiegsblockaden

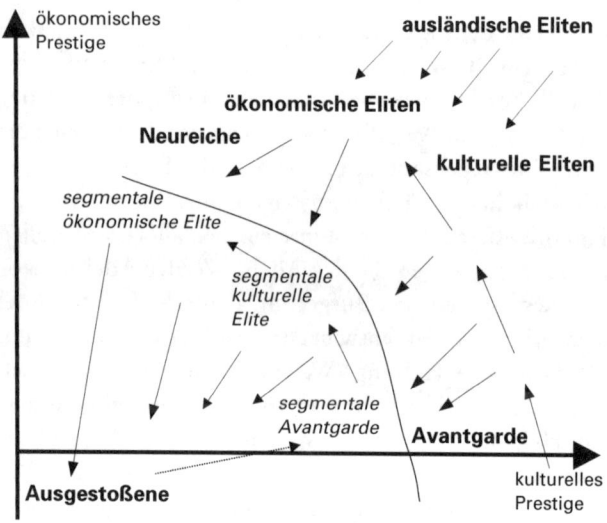

Machtelite bedeutete, war kulturelles Prestige eng an politische Linientreue gebunden. Dafür gab es klare und rigide Vorschriften. Wer Medizin studieren wollte, hatte es schwer, wenn er nicht die Jugendweihe mitmachte, sich nicht bei den Pionieren und in der FDJ engagierte und als Mann sich nicht freiwillig länger als zu den anderthalb Jahren Grundwehrdienst bei der Armee verpflichtete. Wer in die höheren Ränge der Wirtschaft und Verwaltung gelangen wollte, kam um einen Parteieintritt nicht herum. Er konnte sich bestenfalls der SED entziehen, indem er in eine der Blockparteien ging.

Wer nicht mitmachen wollte, wer der Kirche sehr nahe stand, wer die Denunziationen, die Linienschwenks, die Heuchelei und Lügen der Partei und des Staates satt hatte, konnte in der DDR nichts werden, höchstens Theologe. Annette Simon hat das in ihrem erhellenden Buch *Versuch, mir und anderen die ostdeutsche Moral zu erklären*[18] deutlich ge-

Abbildung 6: Die Dynamik der DDR-Gesellschaft

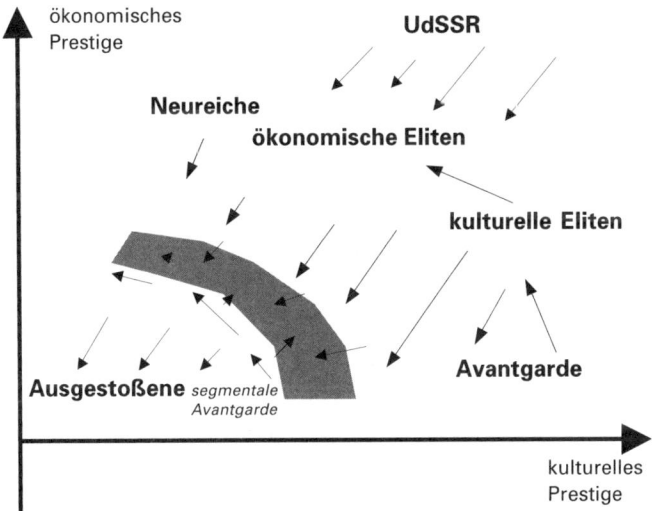

macht: Selbst wer es schaffte, die Anpassung gerade soweit zu betreiben, daß sie einen Konflikt ausschloß, mußte am Ende feststellen, daß einen der Weg »des Gerade-noch-so-Durch-kommens« in die »Gruppe der braven Studenten« eingereiht hatte. So entstand, was Freya Klier »das Bildungsprivileg für Angepaßte« nannte.[19]

Unangepaßte und Ausgestoßene wurden automatisch mit Entzug kulturellen Prestiges bestraft. Ökonomisch konnten sie als Facharbeiter in der Produktion dennoch ziemlich weit aufsteigen, wie Diagramm 5 zeigt, sogar bis zur Ebene der Eliten mit sehr viel DDR-spezifischem kulturellem Prestige.

So entstanden innerhalb der DDR zwei Kulturen, die der Angepaßten und die der Unangepaßten. Dazwischen gab es einen relativ großen Bereich (in Abbildung 6 schraffiert), der zwischen beiden schwankte und Elemente beider Kulturen in sich aufnahm und vereinte.

97

4. Kapitel

Die kulturellen Ursachen vor der Wende

In der wissenschaftlichen Literatur[1] wird mitunter die Position vertreten, die in Umfragen ermittelten Unterschiede zwischen Ost- und Westdeutschen seien kein Ergebnis einer eigenständigen Sozialisation oder Alltagskultur. Sie seien vielmehr auf die unterschiedliche Schichtenzusammensetzung und die relative Armut der Ostdeutschen zurückzuführen. Hätten sie, um in meinem Modell zu bleiben, genauso viel ökonomisches und kulturelles Prestige, wäre keine Unterschied mehr feststellbar.

War die DDR proletarischer und deutscher als der Westen?

Dafür spricht einiges: In meinem schematischen Modell zeigt die Verteilung der Stile für Positionen mit relativ wenig kulturellem und ökonomischem Prestige Werte wie Nähe, Traditionsbewußtsein und einen Hang zum Praktischen, Einfachen und Bewährten. Das ist überall so. Es wird aus soziologischen Untersuchungen in aller Welt und allen Geschichtsepochen gemeldet.[2] Dann wäre Ostdeutschland ein Unterschichtenphänomen. *Der Tagesspiegel* in Berlin berichtete am 7.2.1999 über den Chef einer Berliner Werbeagentur, der aus vergangenen Werbefeldzügen den Schluß gezogen hat, in Ostdeutschland müsse eine andere Sprache verwendet werden als in Westdeutschland, und zwar eine, die genau dem vom Modell vorausgesagten Unterschied aufweist: »›Im Osten darf nicht zu viel Lifestyle und Design vorkommen.‹ Reizwörter, die im Westen wie selbstverständlich zum Repertoire der Werber gehören. Werbung nach Ostgeschmack müsse ›archaischer‹ sein«, so der Werbespezialist. »›Das Notwendige, Ehrliche spielt hier eine viel größere Rolle als im Westen.‹ Natürlich und selbstbewußt, so wollen sich viele Konsumenten in den neuen Bundesländern sehen – und in der Werbung wiederfinden.«

Selbstverständlich spielen für Menschen mit wenig ökonomischem Prestige materielle Ziele eine größere Rolle als für diejenigen, die alles haben. So darf die allseits festgestellte stärkere Orientierung der Menschen in Ostdeutschland auf die »materielle Seite des Lebens«[3] nicht verwundern. Der bei Untersuchungen in Ostdeutschland bemerkte Hang zu »Fleiß und Ehrgeiz, Ordnung und Sicherheit, Disziplin und Pflichterfüllung«[4] hat seine Ursache auch in dem im Modell erkennbaren stärkeren proletarischen Orientierung aus Zeiten der DDR.

Dem Modell zufolge müßte eine im Vergleich zu den Westdeutschen deutschere Grundorientierung bei Ostdeutschen vorherrschen. Ein gutes Beispiel dafür ist das Händeschütteln. In den USA wird es nur bei recht formellen Anlässen praktiziert: Wenn man jemandem vorgestellt wird, bei Empfängen, Gratulationen, feierlichen Angelegenheiten. Sonst winkt man sich zu oder nickt und sagt »Hi« oder »Hello, how are you?«, worauf keine Antwort erwartet wird, sondern ein »Fine, how are you?«. In Deutschland gilt es als höflich, sich die Hand zu geben und – wenn man sich nicht kennt – sich dabei vorzustellen. Nur bei wiederholten Treffen am selben Tag ist das nicht mehr nötig. Aber zum Abschied gibt man sich wieder die Hand. Eine verstärkte Amerikanisierung Westdeutschlands und ein in Ostdeutschland vergleichsweise stärkeres Beharren auf traditionellen deutschen Gewohnheiten müßte sich demnach an diesem Beispiel gut testen lassen.

In einer repräsentativen Untersuchung vom Herbst 1998[5] fanden wir, d.h. das ost-west-gemischte Forschungsteam Berth, Brähler, Wagner, eine eindeutige Bestätigung für diese Hypothese.

Wir baten die von dem Meinungsforschungsinstitut ausgewählte, für ganz Deutschland repräsentative Stichprobe, auf einer Skala von 1 bis 7 anzukreuzen, welcher der beiden entgegengesetzten Aussagen sie eher zuneigen:

»Ich gebe nur bei förmlichen Anlässen die Hand, z.B. beim Vorstellen.«

Wer dieser Ansicht zustimmte, vergab Werte zwischen 1 und 3. Wer neutral bleiben wollte, vergab eine 4. Die andere Aussage lautete:

»Zur Begrüßung und Verabschiedung gebe ich eigentlich immer die Hand.«

Wer dieser Ansicht zustimmte, konnte eine Zahl zwischen 5 und 7 ankreuzen.

Überraschenderweise stellte sich heraus, daß sowohl im Osten wie im Westen Händeschütteln bei Begrüßung und Verabschiedung überwiegt. Das zeigt die Darstellung der Mittelwerte. Die Standardabweichung von knapp unter 2 in beiden Gruppen zeigt, daß sich die Leute nicht sehr einig waren bei der Beantwortung der Frage, daß also sowohl in Ostdeutschland wie auch Westdeutschland eine relativ starke Streuung um den Mittelwert auftat. Dennoch weichen die beiden Mittelwerte hochsignifikant voneinander ab.

Besonders aufschlußreich ist die Verteilung über die Altersgruppen. In Diagramm 1 wurden die Abstände gegenüber dem Neutralwert 4 für die Altersgruppen von unter 25 bis über 75 für Ost- und Westdeutsche getrennt eingetragen. In beiden Gebieten nimmt die Zustimmung zum Händeschütteln mit dem Alter zu. Das spricht für die Annahme, daß es sich hierbei um einen langsamen und unbewußten Prozeß des

Diagramm 1: Zustimmung zum Händeschütteln als tägliche Begrüßung im Ost-West-Vergleich

(Mittelwerte über dem Neutralwert 4 nach Altersgruppen und Herkunftsregion)
(Quelle: Eigene Untersuchungen 1998)

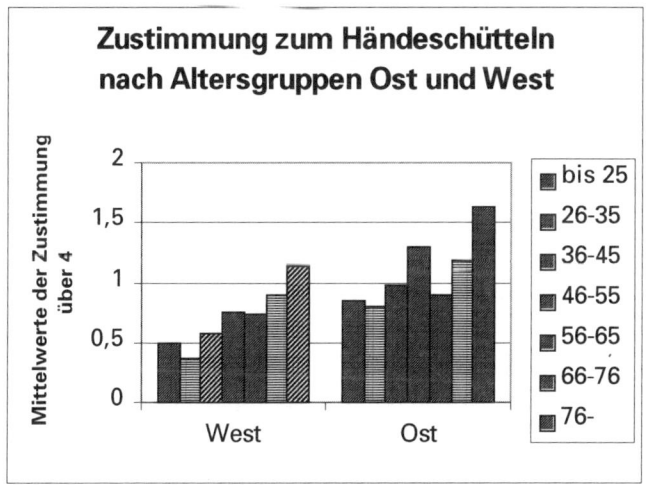

alltagskulturellen Wandels handelt und stimmt mit dem von mir entwickelten Modell sehr schön überein.

Der Unterschied zwischen Ost- und Westdeutschland ist aber durch alle Altersgruppen deutlich und etwa gleich groß. Und entgegen der Annahme, der Ost-West-Unterschied sei nur eine Frage der älteren Generation und werde sich schnell verlieren, ist er bei der jüngeren Generation sogar ausgeprägter als bei der älteren.

Eine andere alltagskulturelle Eigenschaft, bei der sich Amerika seit jeher von Deutschland unterscheidet, ist die Mobilität. Amerikaner zogen schon im 19. Jahrhundert viel häufiger um als die Deutschen und wechselten nicht nur die

Arbeitsstelle mehrmals im Leben, sondern auch den Beruf. Wenn Westdeutschland tatsächlich so viel amerikanischer geworden wäre als die DDR, dann müßten sich auch hier selbst zehn Jahre nach dem Zusammenbruch der DDR noch eindeutige Unterschiede finden. Wir fanden sie:

Auf die Frage, welcher der beiden Meinungen sie mehr zustimmen, sollten die Befragten wiederum einen Wert auf der Skala von 1 bis 7 ankreuzen:

»Man sollte öfters die Arbeitsstelle wechseln« war mit Werten zwischen 1 und 3 versehen.

»Man sollte die Arbeitsstelle eher nicht so oft wechseln« war mit Werten zwischen 5 und 7 versehen. 4 war neutral.

Diagramm 3 zeigt, daß beide Gruppen in puncto Mobilität eher vorsichtig sind. Sie neigen beide der Aussage zu: »Man sollte die Arbeitsstelle eher nicht so oft wechseln.« (Die Standardabweichung beträgt bloß 1,5 – die Menschen waren

Diagramm 2: Mittelwerte für die Ablehnung beruflicher Mobilität im Ost-West-Vergleich
(Quelle: Eigene Untersuchungen 1998)

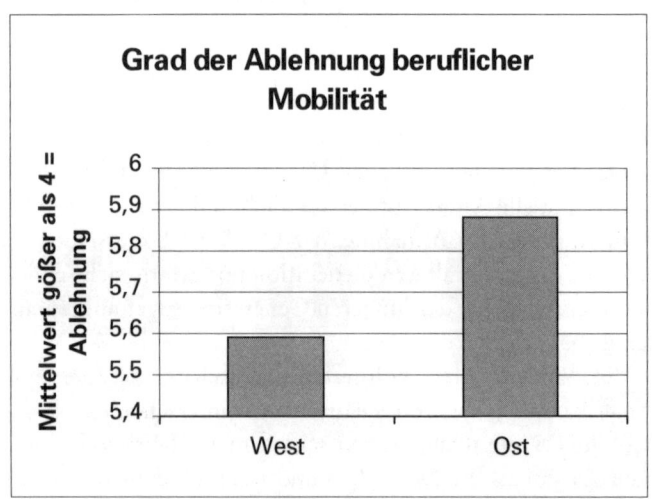

sich also sehr einig). Aber die Ostdeutschen sind hier wieder hochsignifikant (Zufallswahrscheinlichkeit kleiner als 0,0 Prozent) stärker der Meinung: Schuster, bleib bei deinen Leisten.

Schaut man sich in Diagramm 3 die Altersverteilung an, dann spricht die zunehmende Ablehnung von Mobilität mit dem Alter (auch auf dem 0,00 Niveau signifikant) dafür, daß es sich um einen kulturellen Trend entsprechend meinem Modell handelt. Hier hat sich aber, anders als beim Händeschütteln, die jüngste Generation, die zur Zeit der Maueröffnung gerade 15 und jünger war, den westlichen Gepflogenheiten nicht nur angepaßt, sondern zieht bereits an ihren Altersgenossen aus dem Westen – hochmobil – vorbei.

Diagramm 3: Altersverteilung der Ablehnung von Mobilität im Ost-West-Vergleich
(Quelle: eigene Untersuchung 1998)

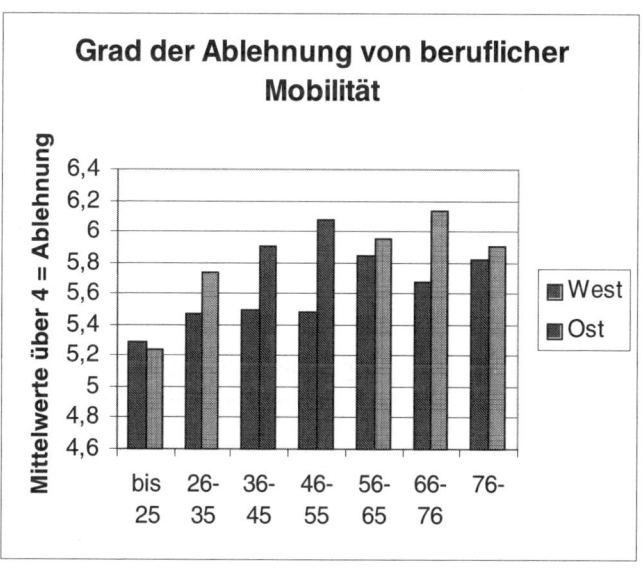

Es spricht also einiges dafür, daß die in den vorangegangenen Kapiteln aufgestellten Hypothesen über die stärker proletarische und stärker deutsch gebliebene kulturelle Ausrichtung der DDR und über die Unterscheidung nach überlebensnotwendigen und »bloß« kulturellen Bereichen zutreffen.

Würde man sich darauf beschränken, hieße das zu behaupten, im Westen habe ein aktiver Wandel der Alltagskultur stattgefunden, in der Alltagskultur der DDR sei dagegen alles so geblieben wie vor dem Krieg.

Die Frage ist: Hat es einen DDR-spezifischen Wandel in der Alltagskultur gegeben? Gab es eine DDR-spezifische Sozialisation?

Gab es eine DDR-spezifische Sozialisation?

Pfeiffer meint: ja. Im Frühjahr 1999 machte er Furore mit einer These, die schon viele andere Autoren vorgebracht hatten[6], der bereits erwähnten These, das kollektive Topfen und andere Kollektivzwänge in der DDR seien die Ursache dafür, daß das Risiko eines dunkelhaarigen und -häutigen Menschen 25mal höher ist, Opfer einer ausländerfeindlichen Gewalttat zu werden als in Westdeutschland, und daß solche Taten 20mal häufiger aus Gruppen heraus verübt werden als im Westen. Er berief sich dabei auf Hans-Joachim Maaz, der in seinem Buch *Gefühlsstau* schon kurz nach der Wende davon geschrieben hatte, daß die DDR-Erziehung und die staatliche Repression aus allen DDR-Bürgern verkrümmte, gehemmte und gebrochene Menschen gemacht hätten.

Ganz anders der DDR-Papst der Kulturwissenschaft, Dietrich Mühlberg. 1997 veranstaltete er in Ostberlin den schon Tradition gewordenen Ostdeutschen Kulturtag. Der stand unter dem Motto »Der Ostdeutsche als besserer Mensch – Von den Nachteilen kultureller Überlegenheit«[7].

Wer hat nun recht?

Die Logik des Modells

Nach der Logik des von mir entwickelten Modells müßte für die DDR dasselbe gelten wie für andere Gesellschaften. Auch wenn es ein vermindertes Prestigestreben gab, so werden sich die Menschen, die dafür empfänglich waren, doch an denjenigen orientiert haben, die sie als bessergestellt wahrnahmen. Das bedeutet dann aber, daß sich die Verhaltensweisen und Normen der kulturellen und ökonomischen Eliten, die mit den politischen Eliten weitgehend identisch waren, nach und nach über die ganze Gesellschaft ausbreiten – außer in den in der Abbildung 6 über die DDR-Gesellschaft durch Schraffur abgegrenzten Bereich der freiwillig oder unfreiwillig Ausgestoßenen und Aufstiegsunwilligen. Dort hat man sich nach der Logik des Modells an den kulturell und ökonomisch am besten Gestellten innerhalb dieses Segments orientiert.

In beiden Bereichen mußten die Eliten, wollten sie ihren hervorgehobenen Status behalten, immer wieder neue Verhaltensnormen und Werthaltungen entwickeln. Sie konnten sie selbst erfinden, sie aus dem Ausland importieren oder sich bei der Avantgarde ihres Segments aussuchen, welche neuen Praktiken ihren Zwecken am besten dienen.

Im freiwillig oder unfreiwillig aufstiegsblockierten Segment bot sich die Übernahme westlicher, insbesondere westdeutscher Vorbilder an. Jan Faktor[8] hat gezeigt, wie dies dazu führte, daß die Dissidenten in der DDR sich markant von denen in anderen osteuropäischen Ländern unterschieden. In der CSSR waren die Dissidenten eindeutig antikommunistisch und promarktwirtschaftlich eingestellt. In der DDR

105

orientierten sich große Teile der Dissidenten an den Vertretern der 68er Generation in Westdeutschland und eigneten sich deren kritischen Marxismus an. Sie traten in der DDR als Kritiker von links auf, kannten ihren Marx besser als ihre ML-Lehrer und wiesen auf subtile Weise nach, daß die DDR nicht einmal ihren eigenen sozialistischen Idealen gerecht wurde. Wolf Biermann war das Paradebeispiel dieser Art kultureller Avantgarde in dem aufstiegsblockierten Segment der DDR-Gesellschaft. Mit den Anschauungen übernahmen sie auch eine Vielzahl alltagskultureller Normen. Eine davon ist besonders auffällig: der Vollbart.

Die westdeutschen 68er hatten sich Bärte und lange Haare wachsen lassen, weil sich die westdeutsche Normalität von damals durch nichts mehr provozieren ließ und ungeheuer berechenbar darauf reagierte. Der Vollbart sprang über die Mauer, weil er dort eine ähnliche Wirkung hatte. Man konnte seine Zugehörigkeit zu einem besonderen Teil der DDR-Kultur vermutlich kaum deutlicher signalisieren. In den neuen Bundesländern hat der Vollbart bis heute seine Symbolfunktion gewahrt. In Westdeutschland mit seiner viel ausgeprägteren Prestigeorientierung ist er bereits Ende der siebziger Jahre verschwunden.

Im herrschaftlichen Segment der DDR war es das sozialistische Ausland, vor allem die Sowjetunion, von dem neue kulturelle Praktiken übernommen wurden. Es herrschte ein gewisser Druck, eine Art Zwang. Aber der reicht nicht aus, um die Geschichte zu erklären. Ein schönes Beispiel dafür sind die Brigaden: Während der Anfangsgeschichte der DDR war die UdSSR nicht nur Vorbild, Schutzmacht und Befehlsgeber, sondern auch Rezeptbuch zur Lösung aller Probleme. Ohne sich das Rezept im einzelnen anzuschauen, wurde das Konzept der »Brigaden« übernommen und in der DDR umgesetzt, allerdings nach eigenen, recht ungenauen Vorstellungen. So entstand ein im Ansatz revolutionäres Potential. Die Brigaden waren nämlich nicht wie in der SU der Betriebsleitung und dem Meister streng hierarchisch unterstellte, bloße Vollzugsorgane der Anweisungen von oben. In der Anfangszeit der DDR waren sie echte Kollektive, die ihre allgemein definierte Aufgabe nach eigener Entscheidung, eigenem Tempo und eigener Methode zu erreichen suchten. Die neue Form war so inspirierend in einer Welt der wachsenden Aufsicht, daß die Brigaden-Bewegung geradezu explodierte, bis die DDR-Führung darauf aufmerksam wurde, daß sie hier ein dem leninistischen Prinzip der einen Führung völlig widersprechendes Element in ihre Betriebe implantiert hatte. Schnell wurde die Brigaden-Bewegung umgestülpt. Aus autonomen Gruppen wurden wieder den Meistern unterstellte und in sich hierarchisierte Ausführungsorgane. Sie blieben zwar Kernpunkte der Solidarität und Kommunikation, aber ihre produktionstechnisch und demokratietheoretisch revolutionäre Funktion haben sie nur noch einmal kurz zu Beginn der siebziger Jahre wiedergewonnen.[9] Das Beispiel zeigt die Janusköpfigkeit der Orientierung an der SU. Die Führungsschicht der DDR war – entgegen der heftigen Polemik von Karl Marx gegen den moralischen Sozialismus[10] – vor allem moralisch und faktisch durch die Panzer der SU legitimiert. Der Anspruch von Gleichheit und Gerechtigkeit, unter dem sie »das bessere« Deutschland aufbauen wollte, reichte bis zur Rechtfertigung von Mauerbau, Schießbefehl, Denunziantentum, Schnüffelstasi (im Wortsinn – mit Geruchsproben bekannter Oppositioneller) und Haftbedingungen für Oppositionelle und »Republikflüchtige«, die eine Form von Dauerfolter darstellten.

Dieselbe Moral, mit der solche Unmenschlichkeit gerechtfertigt wurde, führte auf der anderen Seite zu geradezu rührenden Selbstkasteiungen der Führungselite. Der Herausgeber eines Buches mit dem bezeichnenden Titel *Gesellschaft ohne Eliten?* berichtet von einer Episode aus der Anfangsgeschichte der DDR: »Berlin Unter den Linden. Menschenmassen stehen Spalier. SED-Chef Walter Ulbricht hat sich mit seiner Frau Lotte zum Opernbesuch angekündigt. Unter den Augen der Masse fährt er in einem Taxi vor. ›Diese Szene ging in die DDR-Geschichte ein.‹ (...) Spitzenfunktionäre seien irritiert gewesen, daß der Parteichef ein Taxi benutzt habe – zu einer Zeit, als normale DDR-Bürger zu Fuß in die Oper gingen. Ulbricht habe sich dadurch von der Masse abgehoben (...). Ein solches Verhalten sei ihm immer wieder von politischen Gegnern angelastet worden. Auftritte im Stile des Wiener Opernballs seien in der sozialistischen Gesellschaft nicht tragbar gewesen.« Symptomatisch für die DDR ist es sicherlich auch, daß keiner derjenigen, die in Umfragen als der Elite zugehörig benannt wurden, sich selbst als Teil der Elite empfand.[11] Immer nur scheibchenweise und immer mit schlechtem Gewissen gestand sich die DDR-Führung immer mehr Privilegien zu. Aber welch kleinkarierte Privilegien waren das, wenn man sie vergleicht mit dem, was sich die Führungsmannschaften westlicher Demokratien zugestehen? Die Häuser und Anlagen in Wandlitz, dem bewachten und selbst hinter der Mauer wieder eingemauerten Führungsghetto der DDR wurden von jedem Eigenheim eines Metzgermeisters in Wanne-Eickel oder Sigmaringen übertroffen. Die Tatsache, daß die wenigen halbherzigen Privilegien, die sich die Elite genehmigte, in der DDR und nach ihrem Zusammenbruch als solcher Skandal empfunden worden sind, bestätigt eine auf Gleichheit ausgerichtete zutiefst moralische Grundstruktur der alltagskulturellen Praktiken in der DDR.

Die Avantgarde im herrschenden Segment der DDR bildeten die parteioffiziell anerkannten und doch kritischen Schriftsteller, Künstler, Wissenschaftler. Sie lieferten der politischen Elite immer wieder moralische Herausforderungen und zwangen die DDR-Führung auf ihren dem Anspruch nach hochmoralischen alltagskulturellen Weg. Daß diese Führungselite zur Absicherung ihrer Herrschaft Machtmittel einsetzte, die im Gegensatz zu diesem Anspruch standen, daß sie – angesichts des Mangels – ihren Anspruch, ein goldenes Zeitalter einzuläuten, nur mit Lüge, Potemkinschen Dörfern und rigoroser Ausbeutung der Zukunft erfüllen konnte, all das war den Menschen in der DDR (nicht denen im Westen) bekannt, aber auf der Ebene der Symbole und der Alltagskultur war dieses Wissen nicht wirksam. (Auch im Westen wissen die Menschen um die Verlogenheit der Herrschenden und ihrer Gesten von Allmacht und Überlegenheit und lassen sich dennoch von ihnen beeindrucken.)

Aus dem Modell und den mir bekannten Randbedingungen ist folglich zu erwarten, daß in der DDR eine sehr moralische Alltagskultur als Sozialisation wirksam war, die sich deutlich von der westdeutschen, eher individual-hedonistischen Kultur unterscheiden müßte.

In Westdeutschland hatte sich außer der Orientierung an Amerika eine Avantgarde herausgebildet, die in sich gespalten war. In den fünfziger und sechziger Jahren etablierte sie sich in einem grandiosen Bruch mit der deutschen Geschichte als hedonistisch gegen den kleinbürgerlichen Moralismus und gegen die Fehlleistungen eines Adenauers oder Schumachers. Gleichzeitig war auch sie hochmoralisch und definierte sich inhaltlich – wie die Avantgarde und Führung der DDR – durch ihr Antipodentum zum Nationalsozialismus. In der antiautoritären Studentenrevolte waren noch beide Elemente, das hedonistische und das antifaschistische, vereint. Danach spalteten sie sich auf. Der moralisch rigide Antifaschismus versackte in den kommunistischen Sekten der siebziger Jahre, während die hedonistische Beliebigkeit in den philosophischen und bildnerischen Eliten immer neue Orgien feierte.

Die hedonistische Avantgarde bot auch hervorragende Distanzierungsmöglichkeiten, die exotisch waren, skandalös, wie seit den zwanziger Jahren nicht mehr, unverständlich, schwierig zu handhaben und wunderschön repräsentativ aufmotzbar. Vieles davon wurde gierig aufgegriffen und zu einem Teil der westdeutschen Alltagskultur. Eine moralische Orientierung lieferten die westdeutschen Eliten dadurch aber nicht. Die neuen alltagskulturellen Praktiken waren narzißtisch, in sich widersprüchlich, und auf individualistische Selbstdarstellung ausgerichtet. Sie wurden von den Soziologen dieser Zeit als Risikogesellschaft, Erlebnisgesellschaft, als postmateriell, als das Ende der Moderne und immer wieder als Trend zur Individualisierung weg vom bindenden sozialen Zusammenhalt beschrieben. Wilhelm Heitmeyer, einer dieser Soziologen, sieht gerade darin die Ursache für Gewalt und Rechtsradikalismus. Das kommt schon im Titel eines seiner letzten Bücher zum Ausdruck: *Gewalt – Schattenseiten der Individualisierung bei Jugendlichen aus unterschiedlichen sozialen Milieus.*[12]

Empirische Ergebnisse zur Sozialisation durch die DDR

Die Umfrageergebnisse aus einer deutschlandrepräsentativen Studie von Elmar Brähler und Horst Eberhard Richter aus dem Jahr 1994[13] scheinen mir besonders geeignet, die aus dem schematischen Modell abgeleiteten Hypothesen über eine spezifische DDR-Sozialisation zu überprüfen, nicht nur wegen der Art der Fragen, sondern weil sie aus diesem Zeitraum stammen. Der Kulturschock ist zu diesem Zeitpunkt in der Phase der Eskalation. Es werden also alltagskulturelle Normen der Herkunftskultur idealisiert und gegen diejenigen der neuen Kultur gesetzt. Es ist also damit zu rechnen, daß zu diesem Zeitpunkt DDR-spezifische Wertorientierungen besonders stark zum Vorschein kommen. Andererseits ist der Einfluß der westdeutschen Alltagskultur und Prestigewerte noch nicht so groß, daß diese die Ostsozialisation schon stark verfälschend überdecken.

110

Nach der Sozialisationstheorie von Pfeiffer und Maaz über die autoritären Prägung durch Kollektiverziehung in der DDR müßten sich die Ost- und Westdeutschen insbesondere in der Einstellung zur Demokratie unterscheiden, und zwar müßten die Ostdeutschen eine erheblich höhere Zustimmung zu Äußerungen aufweisen, durch die Minderheiten ausgeschlossen werden, die Gehorsam und Zwang in der Erziehung befürworten und dafür eintreten, sich der Autorität führender Köpfe zu unterwerfen. Das sind klassische Fragen, mit denen autoritäre Einstellungen gemessen werden.

Nach meinem Modell müßten die Ostdeutschen deutlich moralischer antworten als die Westdeutschen, und zwar durch alle Altersgruppen.

Bei der ersten Frage zu autoritären Grundeinstellungen gibt es zwischen Ost- und Westdeutschland keinen signifikanten Unterschied in den Antworten. Das spricht auf jeden Fall gegen die These von Pfeiffer und Maaz.

Die Frage lautete: »Zu den wichtigsten Eigenschaften, die jemand haben kann, gehört unbedingter Gehorsam der Autorität gegenüber.« Die Befragten sollten auf einer Skala zwischen 1 (stimme voll und ganz zu) und 7 (lehne voll und ganz ab) ihre Zustimmung oder Ablehnung angeben. Davon wurde der Mittelwert ausgerechnet.

Die Varianzanalyse zeigt, daß es bei dieser Frage keine statistisch signifikanten Unterschiede nach der Herkunftsregion, sondern nur nach den Altersgruppen sowohl im Westen wie im Osten gibt. Je älter, desto autoritärer.

Doch die Ergebnisse einer anderen Frage zum Autoritarismus weisen ganz andere Verhältnisse auf. Die Frage war so gestellt:

Die Losung »Deutschland den Deutschen« ist mir sehr sympathisch.	-3	-2	-1	0	1	2	3	Die Losung »Deutschland den Deutschen« ist mir sehr zuwider.

Diagramm 4: Einstellungen zu der Aussage: »Die Losung ›Deutschland den Deutschen‹ ist mir sehr zuwider« nach Herkunftsregion und Altersgruppen
(Mittelwerte – positive Werte: Grad der Zustimmung, negative Werte: Grad der Ablehnung).
(Quelle: Eigene Nachauswertung von Daten 1994)

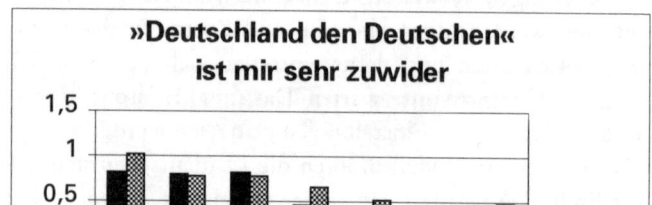

Hier gibt es tatsächlich einen signifikanten Unterschied nach der Herkunftsregion (p' = 0,01) und nach den Altersgruppen (p= 0,000). Der fällt aber genau gegenteilig zu dem aus, was laut Pfeiffer und Maaz in der DDR zu erwarten ist. Die Menschen in der DDR distanzierten sich 1994 deutlich stärker von der ausländerfeindlichen Parole »Deutschland den Deutschen«, und zwar durch alle Altersgruppen. Wichtiger noch: Gerade die höheren Altersgruppen in der DDR, die (mit Ausnahme der wenigen Jahre nach dem Zweiten Weltkrieg und der Gründung der DDR) ihr Leben lang unter Diktaturen gelebt haben, distanzieren sich viel entschiedener von einem ausschließenden Nationalismus als ihre westdeutschen Altersgenossen, die doch die Segnungen der Demokratie 50 Jahre lang erleben durften.

Nun könnte man einwenden: Sie lügen, weil sie wissen, was ihnen unterstellt wird, und wollen es widerlegen. Aber selbst das würde die Annahme von der prägenden Wirkung der Moral bestätigen.

Diagramm 5: Grad der Ablehnung der Aussage »Im allgemeinen ist es einem Kind im späteren Leben nützlich, wenn es gezwungen wird, sich den Vorstellungen der Eltern anzupassen« nach Herkunftsregion und Altersgruppen
(Mittelwerte – positive Werte: Grad der Ablehnung, negative Werte: Grad der Zustimmung)
(Quelle: Eigene Nachauswertung von Daten 1994)

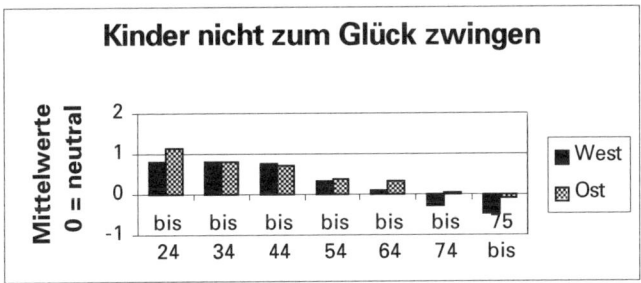

Die Annahme von der prägenden Wirkung der Diktatur und kollektiven Unterwerfung erhält einen weiteren Schlag durch die Antworten auf zwei Fragen zur Unterwerfung unter Autoritäten. Auf die eine Frage: »Im allgemeinen ist es einem Kind im späteren Leben nützlich, wenn es gezwungen wird, sich den Vorstellungen der Eltern anzupassen« konnten Antworten auf einer Skala von -3 (stimme voll und ganz zu) bis 3 (lehne voll und ganz ab) gegeben werden.

Bei dieser klassische n Rechtfertigung der wohltätigen Diktatur müßte es nach Annahme von der prägenden Wirkung der Diktatur einen hochsignifikanten Unterschied zwischen Ost und West geben, und zwar müßten die Ostdeutschen insgesamt dieser Aussage heftig zustimmen, v.a. mit zunehmendem Alter.

Zwischen Herkunftsregionen gibt es aber keinen statistischen Unterschied auf genügendem Signifikanzniveau. Die Annahme ist also widerlegt. Das Diagramm 5 belegt noch mehr: Die Ablehnung ist gerade bei der jungen Generation im Osten deutlicher ausgeprägt als im Westen, also bei denen, die in der Diktatur aufgewachsen sind. Sie haben sich nicht einfach angepaßt, sondern haben es offensichtlich mehrheitlich kritisch verarbeitet.

In beiden Teilen Deutschlands nimmt die Ablehnung der Aussage, man müsse Kinder zu ihrem Glück zwingen, mit dem Alter ab. Aber im Westen deutlich stärker als im Osten. Dort ist gerade die ältere Generation kritischer gegenüber autoritärem Zwang als im Westen.

In der jüngsten und den drei höchsten Altersgruppen ist der Unterschied zwischen Ost und West so sehr das Gegenteil von dem, was die Annahme von der prägenden Wirkung der Diktatur erwarten läßt, daß auch dieser wenig signifikante Unterschied als ein Indiz zur Widerlegung der Unterwerfungsannahme genommen werden kann.

Antworten auf eine weitere Frage bestätigen dieses Ergebnis: »Wir sollten dankbar sein für führende Köpfe, die uns sagen können, was wir tun sollen und wie« konnte auf einer Skala von -3 (stimme voll und ganz zu) bis 3 (lehne voll und ganz ab) bewertet werden.

Bei dieser Frage, mit der sehr ausgeprägte autoritäre Einstellungen angesprochen werden, gibt es einen schwachen, aber mit einer Irrtumswahrscheinlichkeit von unter einem Prozent immer noch signifikanten Unterschied nach der Herkunftsregion. Wieder sind die Jüngsten in Ostdeutschland deutlich weniger autoritär eingestellt als ihre Altersgenossen im Westen Und wieder nehmen die autoritären Einstellungen mit dem Alter in beiden Regionen zu, aber: in Ostdeutschland erheblich schwächer als in Westdeutschland.

All diese Fragen zur Unterwerfung unter Nationalismus und Autorität zeigen zweierlei: 1. Sie bestätigen die im schematischen Modell gezeigte langsame Verbreitung neuer kultureller Annahmen durch die Gesellschaft, wobei die ältere Generation das Bild von vorgestern und die junge das Bild von morgen repräsentiert. 2. Die Ergebnisse widerlegen ganz

**Diagramm 6: Grad der Ablehnung der Aussage
»Wir sollten dankbar sein für führende Köpfe, die uns
sagen können, was wir tun sollen und wie« nach
Herkunftsregion und Altersgruppen**
(Mittelwert – positive Werte: Grad der Ablehnung,
negative Werte: Grad der Zustimmung).
(Quelle: Eigene Nachauswertung von Daten 1994)

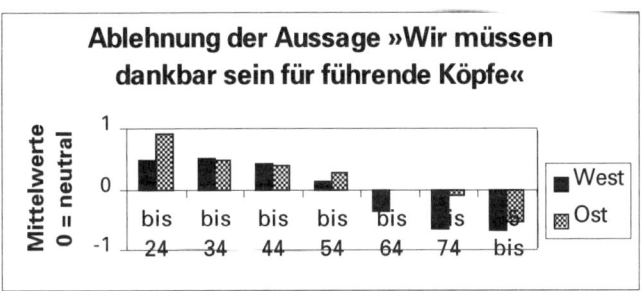

klar die Annahme, die Einstellungen der Menschen in Ostdeutschland seien durch die Diktatur, kollektive Erziehung und den Mangel an demokratischer Erfahrung autoritär geprägt.

Ich möchte darauf hinweisen, daß sich die hier benannten Unterschiede zwischen Ost und West bei allen Anhängern der großen politischen Parteien wiederholen. Die Rangreihen der Mittelwerte nach Parteipräferenz in Ost und West sind analog, doch tendieren sie in Westdeutschland 1994 durchweg ein wenig stärker in Richtung Unterwerfung unter die Führung und geringere Ablehnung der Aussage »Deutschland den Deutschen«.

Die aus dem schematischen Modell hergeleitete Annahme, daß sich in der DDR eine spezifische Kultur der moralischen Verpflichtung entwickelt hat, gewinnt auf der Basis der hier vorgestellten Befragungsergebnisse Plausibilität. Sie wird noch durch eine Reihe geradezu spektakulärer Ergebnisse gestützt.

**Diagramm 7: Grad der Zustimmung zu der Aussage:
»Es ist eine äußerst wichtige Aufgabe, daß sich die
Bürger und Bürgerinnen der Bundesrepublik noch mit
der Hitlerzeit auseinandersetzen«**
(Mittelwerte – positive Werte: Grad der Zustimmung;
negative Werte: Grad der Ablehnung)
(Quelle: Eigene Nachauswertung von Daten 1994)

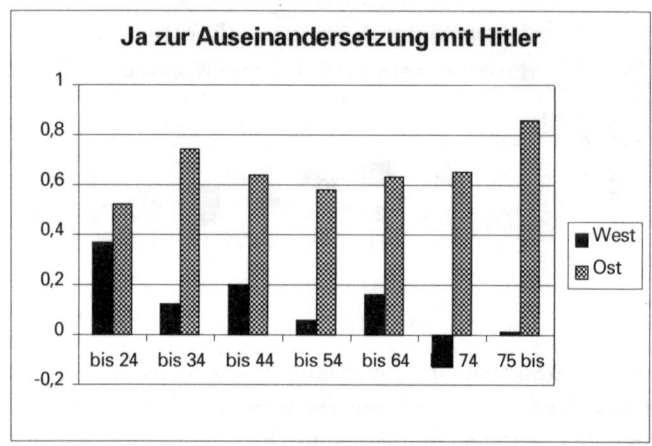

Bei einer Frage ging es um die sog. Vergangenheitsbewältigung, die Auseinandersetzung mit der Hitlerzeit. Das ist
eine Frage, die in Deutschland heiß umstritten ist und traditionell die Aufgeklärten von den national Gesonnenen, autoritär Eingestellten, weniger Aufgeklärten unterscheidet.

Es wurde folgende Frage gestellt: Die Aussagen »Es ist
eine äußerst wichtige Aufgabe, daß sich die Bürger und Bürgerinnen der Bundesrepublik noch mit der Hitlerzeit auseinandersetzen« (3) und »Es ist eine eher überflüssige Aufgabe,
daß sich die Bürger und Bürgerinnen der Bundesrepublik
noch mit der Hitlerzeit auseinandersetzen« (-3) konnten auf
einer Skala von 3 bis -3 bewertet werden.

Bei dieser Frage erweisen sich die Ostdeutschen hochsignifikant (p = 0,000) als die eindeutig aufgeklärteren Menschen.

Sie befürworten durch alle Altersjahrgänge hindurch die Auseinandersetzung mit der Hitlerzeit, im Alter mit zunehmender Tendenz, wogegen in Westdeutschland die ohnehin schon geringe Zustimmung mit dem Alter weiter abnimmt.

Schlüsselt man dieses Ergebnis noch danach aus, wie diejenigen auf die Frage geantwortet haben, die eine der großen politischen Parteien präferieren, und trägt deren Werte auf einem Zahlenstrahl auf, dann erhält das Bild ein noch schärferes Profil:

Herkunft	CDU/CSU	SPD	FDP	Grüne
West	-0,08	0,12	0,14	0,54
Ost	0,35	0,71	0,67	1,05

Tabelle 2: Mittelwerte (minus 4) zur Frage nach der »Notwendigkeit der Auseinandersetzung mit der Hitlerzeit« nach Herkunftsregion und Parteienpräferenz (Positive Werte drücken den Grad der Zustimmung zur Notwendigkeit der Vergangenheitsbewältigung aus.) (Quelle: Eigene Nachauswertung von Daten 1994)

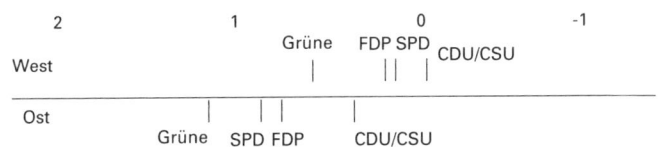

Abbildung 7: Zahlenstrahl für die Bejahung (positive Werte) oder Ablehnung (negative Werte) der Notwendigkeit der Auseinandersetzung mit der Hitlerzeit nach Herkunftsregion und Parteienpräferenz. (Quelle: Eigene Nachauswertung von Daten 1994)

In Ostdeutschland bejahen selbst die Anhänger von FDP und SPD die Notwendigkeit der Auseinandersetzung mit der Hitlerzeit durchschnittlich stärker als die der Grünen in Westdeutschland. Und die Anhänger der Ost-CDU sind in dieser Frage durchschnittlich aufgeschlossener als im Westen diejenigen der SPD und FDP. Dies ist in der Tat ein überraschendes Ergebnis, paßt aber sehr gut zu der aus dem Modell hergeleiteten Überlegung.

Noch überraschender ist das Ergebnis folgender Frage: Die Aussagen »Die allgemeine Wehrpflicht halte ich für unbedingt notwendig« (3) und »Die allgemeine Wehrpflicht halte ich für vollkommen überflüssig« (-3) konnten auf einer Skala von 3 bis -3 bewertet werden.

Das Diagramm 8 zeigt, daß es einen erstaunlichen Gegensatz zwischen Ost und West in der Meinungsäußerung der

Diagramm 8: Grad der Zustimmung bei den Männern zu der Aussage »Die allgemeine Wehrpflicht halte ich für unbedingt notwendig« nach Herkunftsregion und Altersgruppen
(Mittelwerte – positive Werte: Zustimmung, negative Werte: Ablehnung) (Quelle: Eigene Nachauswertung von Daten 1994)

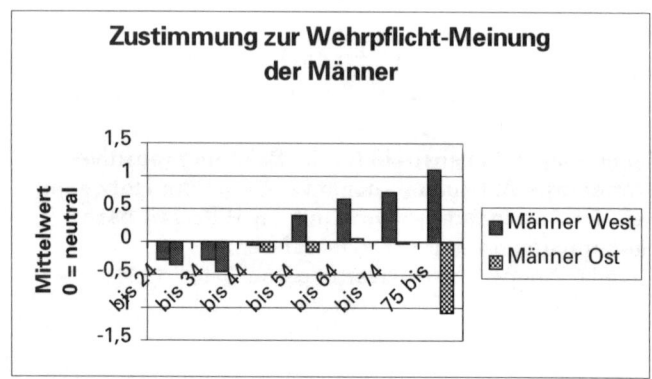

118

Männer gibt: Im Westen nimmt die kritische Einstellung zur Wehrpflicht von Altersgruppe zu Altersgruppe ab. Das entspricht meinem schematischen Modell des kulturellen Wandels: Der Wandel ergreift zuerst die Jungen und dringt kaum zu den Älteren durch, die stärker der Tradition und der Legitimation ihrer eigenen Erfahrungen verpflichtet sind. Im Westen sind die älteren Jahrgänge daher trotz – oder gerade wegen – der Kriegserfahrung sehr für die Wehrpflicht eingenommen.

In Ostdeutschland ist das ganz anders. Dort sind die Jungen zwar auch kritischer als die Älteren. Aber durch beinahe alle Altersjahrgänge hindurch bleiben sie bei der Ablehnung der Wehrpflicht. Hier muß mit der älteren Generation etwas Entscheidendes passiert sein. Bei Fragen, die eine autoritäre Einstellung ausloten sollen, folgen die älteren Altersgruppen dem westlichen Trend zum Alterskonservativismus nicht. Bei der Frage zum Antifaschismus und zur Kritik an der Wehrpflicht kehren sie den Trend sogar um. Entweder sind tatsächlich die meisten Militaristen und Nazis aus dieser Generation in den Westen gegangen, oder die Sozialisation durch die DDR-Eliten in Richtung eines politischen Moralismus hat doch Wirkung gezeigt, wie im Modell vermutet. Die von Brähler und Richter 1999 gefundene deutlich höhere Ablehnung der NATO-Bombardements auf Jugoslawien in den neuen Bundesländern erscheint dann in anderem Licht. Sie ist nicht einer Verführung durch die PDS geschuldet, wie manche Fernsehkommentatoren meinten, sondern sie ist wahrscheinlich echter Ausdruck eines in Ostdeutschland stärker ausgeprägten Pazifismus, zumindest einer kritischen Haltung gegenüber dem Militär.

Genau dieser Moralismus wurde in dem Material von 1994 noch durch eine andere Frage ausgelotet. Die Ergebnisse bestätigen die Annahmen des Modells in ganz anderer Weise: Die Aussage »Die derzeitige Kriminalität und die sexuelle Unmoral lassen es unumgänglich erscheinen, mit gewissen

Leuten härter zu verfahren, wenn wir unsere moralischen Prinzipien wahren wollen« konnte auf einer Skala von 3 (stimme voll und ganz zu) bis -3 (lehne voll und ganz ab) bewertet werden.

Das Diagramm zeigt in aller Klarheit die erhöhte (hochsignifikant mit p = 0,000) Neigung der Ostdeutschen zu einem moralischen Rigorismus und einer durchaus autoritären Hoffnung auf die abschreckende Wirkung von Strafen. Auch nimmt der Rigorismus im Osten wieder mit dem Alter zu wie in allen anderen Fragen schon zuvor. Es wird damit deutlich, daß die überraschenden politischen Positionen zu den vorangegangenen Fragen kein Ausdruck eines allgemeinen Libera-

Diagramm 9: Grad der Zustimmung zu der Aussage »Die derzeitige Kriminalität und die sexuelle Unmoral lassen es unumgänglich erscheinen, mit gewissen Leuten härter zu verfahren, wenn wir unsere moralischen Prinzipien wahren wollen.«
(Mittelwerte – positive Werte: Grad der Zustimmung)
(Quelle: Eigene Nachauswertung von Daten 1994)

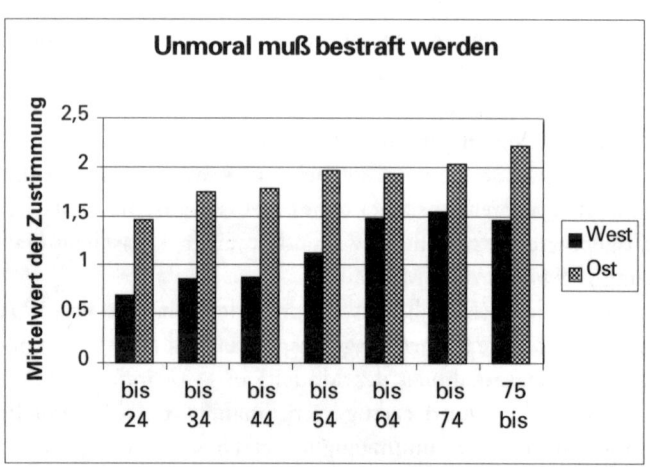

lismus, sondern selbst Teil einer moralistischen Grund-
sozialisation sind.

In der Untersuchung vom April 1999 fanden Brähler und
Richter diese Ergebnisse bestätigt. Die Ostdeutschen seien:
pazifistischer, strafbereiter, moralischer, aber auch pessimistischer.[14]

Der ironische Titel des ostdeutschen Kulturtages 1997
»Der Ostdeutsche als besserer Mensch – Von den Nachteilen
kultureller Überlegenheit« scheint nach Auswertung dieses
Datenmaterials von 1994 mehr Berechtigung zu haben, als
die Veranstalter glauben mochten; auf jeden Fall hatte sie
mehr Berechtigung als die Konstruktionen von der prägenden Wirkung der Diktatur: Die Ostdeutschen befürworten
die Auseinandersetzung mit der Hitlerzeit; sie stehen dem
Militarismus kritischer gegenüber; sie lehnen der Satz
»Deutschland den Deutschen« stärker ab; sie sind weniger
geneigt, Kinder gegen ihren Willen zu ihrem Glück zu zwingen; sie setzen weniger auf »führende Köpfe«. Einzig bei der
Bestrafung von sexueller Unmoral und Kriminalität zur Ver-
teidigung der eigenen moralischen Prinzipien sind die Ostdeutschen deutlich rigider und strafbereiter als die Westdeutschen.

Die Parteienforschung belegt ebenfalls die Verschiebung
der Werteparameter in Ostdeutschland in die vom Modell erwartete Richtung. Egal welcher Partei sie zuneigen, den
Menschen in den neuen Bundesländern ist nach den For-
schungsergebnissen von Richard Stöss Gleichheit und soziale
Gerechtigkeit am wichtigsten, und sie sind bereit, dafür auf
Freiheiten zu verzichten, während die Westdeutschen Freiheit und Marktwirtschaft für wichtiger halten. Dieser Unterschied ist so ausgeprägt, daß die Parteien in den neuen Bundesländern untereinander mehr Gemeinsamkeiten aufweisen
als mit ihren Schwesterparteien im Westen.[15]

In derselben Untersuchung, aus der das von mir verwandte
Datenmaterial stammt, kamen Brähler und Richter zu einem

Ergebnis, das die Annahme von der prägenden Wirkung der Diktatur weiter in Frage stellt. Maaz und die Mehrzahl der Psychologen hatten gemeint, daß die frühe Trennung von der Mutter und das Aufwachsen in der Krippe die Bindungsfähigkeit der Menschen beeinträchtige, weil sie nicht genügend Zuwendung bekommen hätten. Brähler und Richter fanden: »Geradezu frappierend ist, wie positiv die Ostdeutschen auf ihre Erziehung im Elternhaus zurückblicken, obwohl die Meinung grassiert, daß die Ostdeutschen in ihrer Kindheit durch Krippenerziehung und Berufstätigkeit beider Eltern keine große familiäre Geborgenheit genossen haben könnten. (...) Die empirischen Ergebnisse zeigen ein ganz anderes Bild. Was immer man in der Erziehung von den Eltern erfahren und bekommen hat, klingt im Osten freundlicher als auf der westlichen Seite. Demnach werden die Eltern als warmherziger und toleranter beschrieben. Sie haben die Kinder näher an sich herangelassen, sie weniger bestraft, weniger geschlagen, weniger beschämt, mehr unterstützt und haben diese weniger mit ehrgeizigen Forderungen gequält. (...) Den reglementierenden Eingriffen des Staates zum Trotz scheint sich demnach die Familie für die Kinder im Osten als Stütze besser bewährt zu haben, als oft unterstellt wird.«[16]

Hierzu passen auch die Ergebnisse von Elisabeth Noelle-Neumann vom Institut für Demoskopie, Allensbach[17], die auf der Basis ihrer umfangreichen empirischen Untersuchungen mit einigen sozialwissenschaftlichen Mythen aufräumt: Einer davon besagt, daß der Generationenkonflikt, also die Ablösung vom Elternhaus unter heftigen Auseinandersetzungen, für die Entwicklung einer späteren Bindungsfähigkeit der Menschen eine wichtige Voraussetzung sei. Ihr Material beweist das Gegenteil.

In anderen Ländern der Welt und in Ostdeutschland geben im Schnitt nur 10 Prozent der Unter-Dreißigjährigen an, auf keinem Gebiet mit den Eltern übereinzustimmen. In Westdeutschland sind es immerhin 30 Prozent. »Diejenigen, die mit ihren Eltern auf mehreren Gebieten übereinstimmen, sind glücklicher, sie empfinden ihr Leben als sinnvoller, haben weniger Orientierungsschwierigkeiten.« Der Kinderwunsch ist bei ihnen »ausgeprägter als bei denen, die sich von den Eltern in vielen Punkten distanzieren. Weiterhin kann man zeigen, daß sich die Distanz zu den Eltern auch auf die Ehe auswirkt. Parallel zur Bindung an die Eltern nimmt auch die Bindung an den Partner ab.« Außer dem politischen Moralismus entwickelte sich in der DDR eine im Vergleich zu Westdeutschland harmonischere, kongruentere Welt. Mit Kongruenz ist gemeint, daß die Bilder, die die Menschen voneinander haben, mit ihren Selbstbildern übereinstimmen. Solche Deckungsgleichheit der Bilder haben vergleichende Familienuntersuchungen für Ostdeutschland sehr viel häufiger festgestellt als für Westdeutschland.[18] Sie wird in der psychologischen Literatur als eine wichtige Voraussetzung für psychische Gesundheit und Bindungsfähigkeit genannt.

Ein weiterer wichtiger Unterschied zwischen Ost- und Westdeutschland, der durch die DDR-Sozialisation entstanden ist, liegt im christlichen, vorwiegend protestantischen Säkularismus der DDR begründet.

Es ist in der DDR wirklich gelungen, die Menschen von der Institution Kirche wegzuführen. In allen statistischen Erhebungen ist dies einer der markantesten Unterschiede. Die Westdeutschen sind immer noch relativ stark kirchlich gebunden, die Ostdeutschen dagegen nicht.

Doch kann man in dem Moralismus der DDR-Führung ohne weiteres viele säkularisierte Elemente einer preußisch-pietistisch-protestantischen Ethik wiederfinden: Die Heilserwartung durch den asketischen Verzicht der jetzigen Generation zugunsten zukünftiger Menschheit; die sadomasochistische Leidensverliebtheit mit der ständigen Berufung auf die Leiden der Märtyrer und dem rituellen Vorzeigen der Folterinstrumente, mit denen Jesus zu Tode gebracht wurde, hat sich übertragen auf die antifaschistischen Märtyrer und das Heldengedenken in den KZ-Gedenkstätten; die Arbeit als Grundlage aller Werte; die bipolare Einteilung der ganzen Welt in Reiche des Guten und des Bösen wie Himmel und Hölle. Sogar der seltsamste Widerspruch des Pietismus hatte sich in den Sozialismus hinübergerettet: Einerseits war man Träger der frohen Botschaft, andererseits mußte man durch Leiden, Arbeit und unermüdlichen Verzicht auf die Freuden des Lebens seine Existenzberechtigung unter Beweis stellen. So ist der Protestantismus in der DDR gleichsam säkularisiert worden und hat sich als eine Art weltliche Religion erhalten.

Die DDR war also zweifellos eine hochmoralische Veranstaltung. Sie berief sich zwar permanent auf Marx und die von ihm begründete materialistische Geschichtsbetrachtung, der nichts fremder und verabscheuungswürdiger ist als ein moralischer Sozialismus. Da sich aber leider die wirkliche Geschichte nicht so zum Begriffe drängte, wie das Marx in einem ihm wohl selbst unbewußt gebliebenen Hegelianismus als unvermeidlich vorhergesagt hatte, blieb der nach dem Zweiten Weltkrieg durch die Sowjetmacht zur Macht gelangten DDR-Führung nicht viel anderes übrig, als auf langwierige Überzeugungsarbeit zu setzen. In einem unendlichen Strom täglich gebetsmühlenartig wiederholter Ermahnungen wurde die sozialistische Moral über 40 Jahre lang in Horten, Kindergärten, Schulen, Hochschulen und Betrieben, bei Versammlungen der »gesellschaftlichen Organisationen«, bei den Jungpionieren, den Pionieren, der FDJ und all den anderen Vereinigungen und natürlich auch in Radio und Fernsehen, Zeitungen und anderen Publikationen gepredigt. Die sozialistische Moral traf dabei auf eine in der deutschen Kulturgeschichte historisch schon im 18. Jahrhundert vorbereitete Disposition zur moralischen Argumentation, mit der unter anderem der Antipluralismus und die antiwestliche Gemeinschaftshoffnung seit dem 19. Jahrhundert in Deutschland betrieben worden ist.[19] Der traditionell reaktionäre deutsche Moralismus konnte so mehr oder weniger unbewußt zum Partner in einem Bündnis mit einem sich progressiv verstehenden sozialistischen Moralismus werden.

Jean Piaget[20] hat auf der Grundlage seiner Untersuchungen zur Entwicklung des moralischen Bewußtseins beim Kind argumentiert, Kinder seien bis zum Alter von 12 bis 14 Jahren auf ein Überwiegen klarer, eindeutiger moralischer Strukturen, vor allem eine Unterscheidung zwischen Gut und Böse angewiesen. Ironie, Ambivalenz, Uneindeutigkeiten gefährden ihre psychische Gesundheit.

Annette Simon[21] berichtet über ihre eigene moralische Entwicklung, daß die Kombination von Antifaschismus und sozialistischer Menschengemeinschaft mit den moralischen Vorbildern der antifaschistischen Kämpfer eine seltsame sadomasochistische Verbindung einging, die sich ohne Schwierigkeiten in die protestantisch-christliche Moraltradition der Märtyrer einpaßte. Eigene biographische Untersuchungen mit in der DDR aufgewachsenen Studierenden ergaben, daß sich die meisten, außer solchen aus sehr christlichen, oppositionellen Elternhäusern, entsprechend der Piaget'schen Untersuchungen bis zur FDJ-Zeit mit der moralisch eindeutigen Fassade des DDR-Sozialismus identifizierten und sich mit der Pubertät erst abzulösen begannen. Die meisten bewahrten in den Köpfen einen idealistischen, moralischen Sozialismus, wie er ihnen in Kindheit und Jugend gepredigt worden war, und maßen den real existierenden Sozialismus mit wachsendem Zynismus am verinnerlichten moralischen Bild. Häufig berichten auch heute noch ehemalige Mitglieder der SED, sie seien gerade deswegen in der Partei gewesen, weil sie sich dafür einsetzen wollten, die DDR zu dem zu machen, was sie moralisch sein wollte.

Von den benachbarten sozialistischen Ländern aus wirkte diese moralische Identifikation mit dem Sozialismus selbst großer Teile der DDR-Opposition grotesk und stieß auf wenig Verständnis. Wenn man vor diesem Hintergrund davon ausgeht, daß eine DDR-spezifische moralische Sozialisation nachhaltige Spuren in den alltagskulturellen Einstellungen der DDR-Bevölkerung hinterlassen hat, dann fügen sich die Ergebnisse zu einem stimmigen Bild: Der Kulturschock der Wende wurde nicht nur durch die Umwälzung der materiellen Verhältnisse und institutionellen Normen ausgelöst, sondern es trafen tatsächlich zwei Alltagskulturen aufeinander, die sich in wesentlichen Punkten unterschieden. Die westdeutsche Alltagskultur hatte sich mehr in Richtung mittelständischer Normen entwickelt, war stark amerikanisiert worden, und der Moralismus der fünfziger Jahre hatte sich in einer individuellen Beliebigkeit aufgelöst. In der DDR war die Alltagskultur nicht nur deutscher geblieben und hatte durch Flucht, Mangelwirtschaft und sozialistische Ideologie eher proletarische Normen ausgebildet; darüber hinaus war sie durch einen Moralismus geprägt, der Gleichheit und Gerechtigkeit, Antifaschismus und Antimilitarismus, Disziplin und Solidarität betonte. Wie sich das Zusammentreffen dieser beiden Alltagskulturen nach der Vereinigung gestaltete, ist Gegenstand des nächsten Kapitels.

5. Kapitel

Die kulturellen Ursachen nach der Wende

In den vorangegangenen Kapiteln habe ich mithilfe des Modells kulturellen Wandels und empirischer Daten Unterschiede in der Alltagskultur zwischen Ost- und Westdeutschland aufgezeigt. Der Kulturschock und die zu ihm gehörigen interkulturellen Konflikte entstehen bekanntlich erst dann, wenn Menschen mit unterschiedlichen alltagskulturellen Normen aufeinandertreffen. Dieser Prozeß kann in einer Tabelle abgebildet werden, die ich Mißverständnismatrix nenne.[1] Ihre Grundstruktur sieht so aus:

Das »richtige« Handeln	
Ostdeutsche meinen, *ihr* Handeln sei richtig	Westdeutsche meinen, *ihr* Handeln sei richtig
Vorteil: Sicherheit. Selbstgewißheit	Vorteil: Sicherheit. Selbstgewißheit
nennen sich selbst: gut, richtig	nennen sich selbst: gut, richtig
nennen die Westdeutschen: seltsam, unverständlich, doof	nennen die Ostdeutschen: seltsam, unverständlich, doof

Sie zeigt jeweils in der ersten Zeile den Bereich des Handelns an. Dann werden für die Ostdeutschen und Westdeutschen separat die unterschiedlichen Regeln genannt, die für den Bereich gelten. In der dritten Zeile spekuliere ich über den Vorteil, der aus dem Verhalten entstehen könnte. Das ist besonders wichtig, denn es zeigt, daß jede Seite gute Gründe für ihr Handeln hat. Aus ihnen resultieren jeweils die positiven Selbstbilder, die in der Zeile »nennen sich selbst« aufgeführt werden. In der letzten Zeile ist dann das Bild aufgeführt, das sie sich von der Gegenseite machen.

Wenn zwei Menschen bei einem Spiel zusammenkommen und anfangen zu spielen, ohne zu wissen, daß sie das gleiche Spiel nach unterschiedlichen Regeln spielen, reagieren sie gewöhnlich folgendermaßen: Zunächst finden sie das Verhalten des Mitspielers seltsam, dann unverständlich und schließlich so »doof«, daß sie meist wütend das Spiel abbrechen, es sei denn, sie finden heraus, daß sie nach unterschiedlichen Regeln spielen, und beginnen, sich dann auf gemeinsame zu verständigen. Diese Grundregel liegt auch dem Verlauf des Kulturschocks nach der Wende zugrunde. Ich will sie an einigen Beispielen aufzeigen, die bereits in der Erstausgabe von *Kulturschock Deutschland* sehr viel ausführlicher dargestellt worden sind, und mit den Daten einer deutschlandrepräsentativen Umfrage vom November/Dezember 1998 überprüfen.

Das Beispiel Händeschütteln

Bereits im vierten Kapitel habe ich gezeigt, daß in Westdeutschland der Prozeß der Amerikanisierung den altdeutschen Brauch des Händeschüttelns bei der ersten Begegnung am Tag und beim Abschied stark aufgelockert hat, während er in der DDR und danach in den neuen Bundesländern bewahrt blieb. An diesem Beispiel möchte ich nun zeigen, wie ein kleiner und eigentlich banaler Unterschied zur Ursache schwerer Mißverständnisse werden kann und in gegenseitigen negativen Zuschreibungen eskaliert:

Als ich 1991 an einer neu gegründeten ostdeutschen Fachhochschule einen Lehrauftrag erhielt, tappte ich in der dortigen Bibliothek, ohne es zu merken, in mein erstes west-östliches Mißverständnis hinein.

Grüßen mit Handschlag	
Ostdeutsche	Westdeutsche
beim ersten Treffen des Tages und beim Verabschieden	nur bei formellen Anlässen
Vorteil: Zwanglosigkeit, Zeitgewinn	Vorteil: Nähe, individuelle Begegnung
nennen sich selbst: freundlich, höflich, lässig	nennen sich selbst: freundlich, höflich, korrekt
nennen die Westdeutschen: arrogant, distanziert, unhöflich	nennen die Ostdeutschen: steif, altmodisch, piefig

Als ich hereinkam und auf die Bibliothekarinnen zuging, bewegten sich deren Hände noch nicht auf mich zu, waren aber vermutlich ganz automatisch schon aufs Händereichen vorbereitet. Als ich freundlich grüßend an den innerlich schon ausgestreckten Händen vorbeilief, blieb die Bewegung im Ansatz stecken. Die Bibliothekarinnen fühlten sich natürlich zurückgewiesen und mit ihrer Absicht zur üblichen höflichen Geste stehengelassen. Sie mußten mich als arrogant, überheblich und distanziert erleben und sich sagen: »Gut, wir können auch anders.« Bei der nächsten Begegnung würden sie es mir mit gleicher Münze heimzahlen. Auch sie würden Distanz wahren und mir kühl begegnen, damit ich merke, wie das ist.

Ich dagegen merkte nichts und war nur erstaunt und schließlich empört über die abweisende und »strafende« Behandlung durch die Bibliothekarinnen. Schnell machte ich mir meinen Ossi-Wessi-Reim darauf und hatte Unhöflichkeit und miese Piefigkeit als »typisch« ostdeutsche Eigenart ausgemacht und berichtete davon in meinem Bekanntenkreis.

Ein im Grunde banaler kleiner Unterschied in der Alltagskultur führte zu einer schrecklich abwertenden gegenseitigen
Wahrnehmung. Die Absichten waren auf beiden Seiten dieselben gewesen: freundlich und auf guten Kontakt hoffend.
Aber durch das Zusammentreffen unterschiedlicher Spielregeln ging alles schief. Und das Ergebnis war das Gegenteil
von dem, was beide Beteiligten ursprünglich wollten. Be-
denkt man die Grundstruktur der griechischen Tragödie,
nämlich daß das Schicksal seinen schrecklichen Lauf nimmt
trotz ständiger Bemühungen aller Beteiligten, »das Gute« zu
tun, dann sind diese Mißverständnisse kleine Tragödien des
Alltags, die sich seit der Vereinigung Deutschlands millio-
nenfach wiederholen.

Das Beispiel Karriereverhalten

Ein anderes Beispiel für eine kleine alltagskulturelle Differenz mit schwerwiegenden Folgen ist die im vierten Kapitel
bereits skizzierte unterschiedliche Einstellung zur beruflichen Mobilität. In Westdeutschland hat die Übernahme amerikanischer Verhaltensmuster durch die Eliten und deren
Verbreitung in der Gesellschaft dazu geführt, daß die Bereitschaft zum Wechsel der Arbeitsstelle oder des Berufs, daß
Mobilität im allgemeinen als Zeichen von hoher Qualität gilt.
In Ostdeutschland gibt Mobilität eher Anlaß zu Mißtrauen,
wird als Zeichen des Versagens gewertet. Die meisten Spitzenpositionen sind in der DDR mit Leuten besetzt worden,
die sich vor Ort bewährt hatten. Beim Zusammentreffen beider Alltagsnormen entsteht folgende Mißverständnismatrix:

Karriereverhalten

Ostdeutsche	Westdeutsche
sehen Stetigkeit und Beständigkeit als ein Zeichen für Qualität	sehen hohe Mobilität als ein Zeichen für Qualität
Vorteil der Beständigkeit: genaue Kenntnisse vor Ort	Vorteil der Mobilität: vielfältiges Wissen, Beweglichkeit
nennen sich selbst: zuverlässig, gründlich, stetig	nennen sich selbst: anpassungsfähig, lernfähig
nennen die Westdeutschen: der abgeschobene Ausschuß	nennen die Ostdeutschen: der zurückgebliebene Ausschuß

Die Ostdeutschen, die mit Mut und Begeisterung in der Zeit der großen Fluchtbewegung die Parole »Wir bleiben hier!« ausgegeben hatten, wurden konfrontiert mit einer Flut von Beamten und Managern, die aus dem Westen zu ihnen kamen. Nach ihrer alltagskulturellen Regel konnten das nicht die Besten sein. Denn die wirklich guten Kräfte lassen sich nicht abschieben und gehen auch nicht freiwillig. Sie werden von ihren Kollegen und Vorgesetzten mit allen Kräften gehalten, weil sie so gut und unentbehrlich sind. Und sie haben genügend Verantwortungsgefühl, daß sie ihre Aufgabe nicht leichtfertig anderen überlassen. Was da in den Osten kam, so schlossen viele, war mindere Qualität, die man gerne gehen ließ, denen niemand nachweinte.

Für die besonders auf Mobilität geeichten Westdeutschen, die sich bereit erklärt hatten, unter meist schwierigen Bedingungen und oft mit großem persönlichen Einsatz beim Aufbau der neuen Strukturen in Ostdeutschland mitzumachen, erschienen diejenigen, die durch alle Zeiten der DDR im gleichen Bereich und am gleichen Ort geblieben waren, wie Fossile aus einer anderen Zeit. Nach ihren Normen war es ein sicheres Anzeichen für schlechte Qualität, für Unbeweglichkeit, Bequemlichkeit und mangelnde Lernfähigkeit, wenn jemand stets an einem Ort blieb, zumal unter Bedingungen der Diktatur. In ihren Augen war es so: Die, die etwas taugten, waren geflüchtet, der Rest war zurückgebliebener Ausschuß. Für die Ostdeutschen waren hingegen die westdeutschen neuen Eliten der abgeschobene Ausschuß.

Nun trafen beide aufeinander mit dem aus den eigenen Spielregeln abgeleiteten Vorurteil der minderen Qualifikation der anderen. Man belauerte sich, wartete nur auf den ersten Fehler, der natürlich früher oder später passierte. Dann trumpfte man innerlich auf, fühlte sich bestätigt und zog Konsequenzen.

Die ostdeutschen Mitarbeiter, viele von ihnen durch die Umstellungen zur Mobilität gezwungen oder wenigstens von ihr bedroht, erlebten die neuen, von sich selbst überzeugten westdeutschen Chefs als großspurig und angeberisch. Deren Geschichten, wie es daheim im Westen in ihrem alten Betrieb gemacht wurde, nahmen sie mit innerem Hohn auf: »Dann soll er doch wieder dahin zurück, wenn dort alles viel besser war.« Bei den ersten Problemen stellten sie erleichtert fest, daß die neuen Chefs aus dem Westen »auch nur mit Wasser kochten«. Um zu beweisen, daß ihre Qualifikation auch etwas wert war, führten sie nicht die gegebenen Anweisungen aus, sondern machten es wie gewohnt. Kamen dann die unvermeidlichen Rüffel, wurden nach alter DDR-Manier die Ellenbogen nach außen gespreizt, und die Sache wurde ausgesessen.

Die Chefs aus dem Westen sahen sich in ihren schlimmsten Befürchtungen bestätigt. Sie verzweifelten und zogen immer mehr Aufgaben an sich. Wenn etwas strategisch wirklich wichtig war, dann konnte man sich auf keinen der neuen Mitarbeiter aus dem Osten verlassen. Man mußte es selbst machen. Die Überforderung wuchs und damit die Wahrscheinlichkeit von Fehlern, Unerledigtem, Vergessenem. Das Vorurteil der ostdeutschen Untergebenen bestätigte sich. Sie zogen sich noch weiter zurück. Die Überlastung der westli-

chen Chefs wuchs noch ein Stück. Die Eskalation der sich
gegenseitig bestätigenden Vorurteile war perfekt.

Ich habe viele solcher Dramen selbst erlebt und noch mehr
Opfer der gegenseitigen faktischen und kulturellen Abwertung klagen und schimpfen hören.

Das Beispiel Arbeitseinstellung

In der Erstausgabe von *Kulturschock Deutschland* habe ich
aufgrund eigener Beobachtungen und Lektüre die Behauptung aufgestellt, es gebe einen alltagskulturellen Unterschied
in der Arbeitseinstellung, der zu ähnlichen Konflikten führe,
wie sie auch aus dem unterschiedlichen Karriereverhalten
entstehen. Viele Daten wiesen damals darauf hin, daß Ostdeutsche eher auf genaue Anweisungen warten und kaum gewohnt sind, für ein vorgegebenes Ziel einen Weg zu finden.
Folgende Mißverständnismatrix spiegelt dieses Problem wider:

Arbeitseinstellung	
Ostdeutsche	Westdeutsche
wollen Anweisungen für die meisten Arbeitsschritte	wollen das Ziel kennen und die Arbeitsschritte selbst bestimmen
Vorteil der Beständigkeit: die Verantwortung liegt oben	Vorteil der Mobilität: Eigenständigkeit und Selbst- bestimmung
nennen sich selbst: kooperativ, kollegial, fleißig	nennen sich selbst: innovativ, einsatzbereit, ziel- orientiert
nennen die Westdeutschen: berechnend, einzelgängerisch, konkurrenzfixiert	nennen die Ostdeutschen: inflexibel, unselbständig, fort- schrittsfeindlich

133

Bei unserer repräsentativen Untersuchung im Herbst 1998 zeigte sich jedoch das für uns überraschende Ergebnis: Wenn es den von mir behaupteten alltagskulturellen Unterschied je gegeben hat (es gab dazu keine mir bekannte deutschland-repräsentative Untersuchung), dann ist er jedenfalls jetzt ins Gegenteil umgeschlagen. Wie schon im zweiten Kapitel erwähnt, sind die Ostdeutschen inzwischen deutlich zielorientierter als die Westdeutschen. Im folgenden Diagramm wird dies für die Altersgruppen und Geschlechter noch einmal in sogenannten »weichen Kurven« dargestellt. Mir ist bewußt, daß dies methodisch problematisch ist. Jede Altersgruppe und jedes Geschlecht ist eine Gruppe für sich und müßte in eigenem eigenen Balken für seinen Mittelwert dargestellt werden. Kurven erwecken den Eindruck, es handle sich um zusammenhängende Ereignisse. Meine Theorie über die Entstehung und den Wandel von alltagskulturellen Werten be-

Diagramm 10: Grad der Zustimmung zu der Aussage »Bei der Arbeit ist es mir lieber, ich kenne das Ziel und bestimme die Arbeitsschritte selbst« nach Herkunfts-region, Geschlecht und Altersgruppen. (Quelle: eigene Untersuchung 1998)

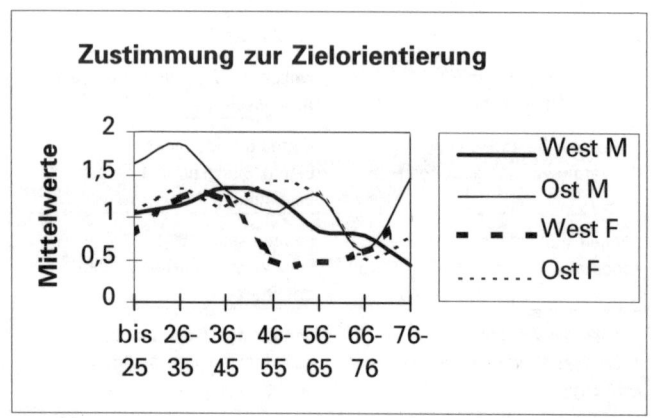

hauptet aber gerade das: Die Werte wandern von den Jüngeren (Avantgarde) über die Eliten durch die Gesellschaft und
erreichen die älteren Altersgruppen zuletzt. In den älteren
Altersgruppen müßten demnach die alltagskulturellen Einstellungen von vorgestern anzutreffen sein. »Weiche Linien«
sind darüber hinaus übersichtlicher als Balkendiagramme.

Auch hier verweist die allgemein abnehmende Tendenz im
Alter auf einen globalen alltagskulturellen Wandel. Der
Taylorismus mit seinen genauen Anweisungen und Fest-
legungen wird immer mehr durch eine Freiheit zur lokalen
Lösung ersetzt. Auffällig ist des weiteren, wie stark die Ziel-
orientierung bei den jungen Männern aus den neuen Bundes-
ländern ausgeprägt ist. Auffällig ist, wie schwach dagegen die
Zielorientierung bei den Frauen im Westen.

Das Beispiel Alltagsgespräche

Immer hatte ich mich gewundert, daß die Ostdeutschen in
westdeutschen Medien oder von meinen Westberliner Freun-
den larmoyant genannt wurden. Wir sind in unserer deutschlandrepräsentativen Untersuchung im November/Dezember
1998 dieser Sache auf den Grund gegangen und haben die
Befragten gebeten, auf einer siebenteiligen Skala anzukreuzen, welcher der beiden Aussagen sie mehr zustimmen: »In
Alltagsgesprächen rede ich mit anderen eher über Mängel
und Mißstände.« Demgegenüber stand: »In Alltagsgesprächen rede ich mit anderen eher über leichte Themen und
Nichtigkeiten.«

**Diagramm 11: Grad der Zustimmung zu der Aussage
»In Alltagsgesprächen rede ich mit anderen eher über
Mängel und Mißstände.«**

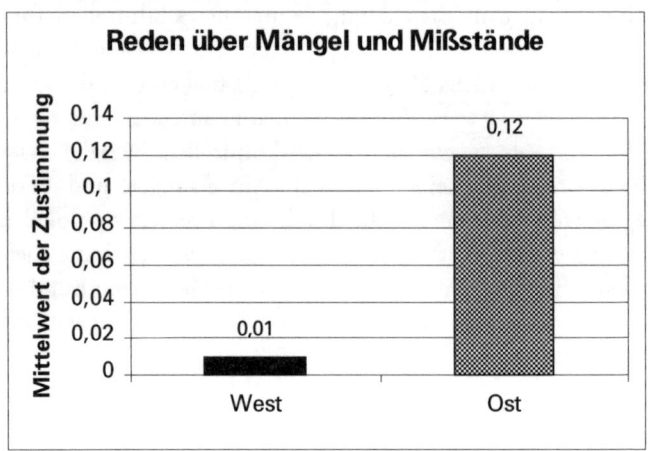

Die Behauptung, daß die Ostdeutschen mehr »klagen«,
daß in Alltagsgesprächen lieber über Mängel und Mißstände
geredet wird, hat sich mit einer Irrtumswahrscheinlichkeit
von 1,8 Prozent als signifikant bestätigt. Schaut man sich die
einzelnen Gruppen genauer an, ergibt sich folgendes Bild
(Diagramm 12).

Bei den Jungen ist Klagen nicht mehr angesagt – mit Ausnahme der jungen Frauen in den neuen Bundesländern. Frau-
en in Ostdeutschland »jammern« immer weniger, je älter sie
sind. Bei den Männern in den neuen Bundesländern ist es
umgekehrt.

Frauen aus dem Westen neigen durchweg stärker der Aussage zu: »In Alltagsgesprächen rede ich mit anderen eher
über leichte Themen und Nichtigkeiten.« Männer aus dem
Westen schwanken stark. Im Alter zwischen 26 und 35 und
vor der Rente ist die Neigung zur Larmoyanz besonders
hoch bei ihnen.

Diagramm 12: Grad der Zustimmung zu der Aussage »In Alltagsgesprächen rede ich mit anderen eher über Mängel und Mißstände« nach Geschlecht, Herkunftsregion und Altersgruppen (Mittelwerte) (Quelle: eigene Untersuchung 1998)

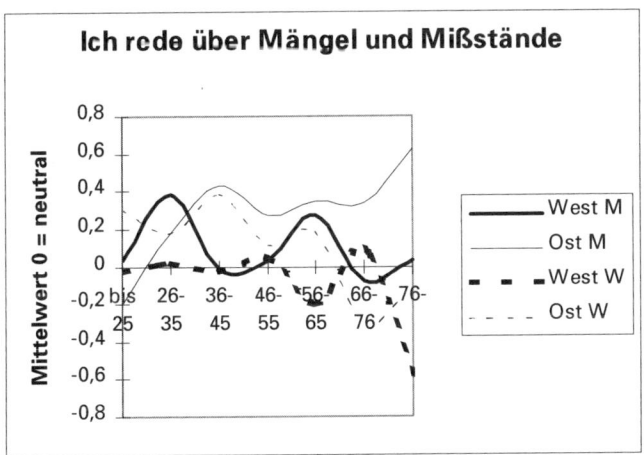

Nun könnte man einwenden, dies entspreche ja auch den realen Verhältnissen: Den Frauen aus Westdeutschland geht es de facto gut. Ihre Männer haben im Beruf am Anfang und beim Übergang zur Rente besonders harte Zeiten. Aber die entgegengesetzte Entwicklung bei den älteren Frauen und Männern in den neuen Bundesländern findet keine Entsprechung in der Wirklichkeit. Die Renten der Frauen sind nicht viel besser als die der Männer. Auch die Tendenz zum »Jammern« zwischen dem 35. und 55. Lebensjahr sowohl bei Männern wie Frauen in den neuen Bundesländern (das ist die Gruppe mit der geringsten Arbeitslosigkeit) spricht eher für einen alltagskulturellen Unterschied als für eine Reaktion auf die jeweilige soziale Lage.

Das Reden über Mängel und Mißstände hat in Ost- und Westdeutschland offenbar sehr unterschiedliche Bedeutungen. Wenn man in Ostdeutschland jemanden trifft und die Zeit mit irgendeinem Wortwechsel füllen muß, dann jammert man. Man klagt über das Wetter, über die Gesundheit, über die hohen Preise, die steigenden Mieten, die sterbende Tante, den kaputten Auspuff, egal was, solange es nur etwas zu beklagen gibt. So kommen zwischen Ostdeutschen schnell und problemlos intensive, konkurrenz- und angstfreie Alltagsgespräche mit einem hohen Grad von Intimität zustande, einfach dadurch, daß die Beteiligten zusammen jammern. Dabei geht es nicht etwa darum, Mitleid zu erhaschen oder die anderen gar zur Hilfe zu rufen. Jammern soll nur mit Jammern beantwortet werden. Das Jammern vertreibt jede Möglichkeit zum Neid. Dann entsteht wohlige Gemeinsamkeit. In den geschilderten Niederlagen vor dem Schicksal ist man gleich. Konkurrenz kann da nicht aufkommen. Solidarität besteht auch darin, daß man ebenfalls etwas zu beklagen hat.

Nach der Wende differenzierte sich die Gesellschaft rasant. Zum Jammern gab es gerade deswegen allüberall und für jeden Grund genug. So konnte durch gemeinsames Jammern in einer Situation der faktisch wachsenden Unterschiede ein Gefühl von Gleichheit und Solidarität gewahrt bleiben. Das Jammern behielt dadurch seine Bedeutung als Kitt in der Gesellschaft, ja, vermutlich war es wichtiger als je zuvor.

Im Westen dagegen hatte das US-amerikanische »positive thinking« Schule gemacht: Wer Gutes denkt und erwartet, erfährt es auch. Nach und nach setzte sich die neue Norm durch: Man redet nicht von Mißerfolgen, sondern von Erfolgen. Das gehörte zur unverzichtbaren »Imagepflege«.

Für jemanden mit einer solchen alltagskulturellen Prägung erscheint das Jammern als Zumutung. Es wird als peinliche Entgleisung erlebt, in der jemand das Schlimmste preisgibt, was einem passieren kann: die Niederlage. Deshalb wird das Jammern zwangsläufig als peinlicher Appell um Hilfe und Zuwendung mißverstanden. Es bringt die westlichen Gesprächspartner in eine Zwickmühle: Gehen sie auf den Appell ein, wird die Niederlage des anderen geradezu hoch-offiziell und damit ins Unerträgliche gesteigert. Gehen sie nicht darauf ein, könnten sie als unsolidarisch und eigensüchtig gelten. Darum ist es das beste, so zu tun, als ob man nichts gehört hätte, und schnell das Thema zu wechseln.

Dabei will die jammernde Person in einer Jammerkultur nur Mitgejammer, kein Mitgefühl, keine Unterstützung und vor allem keinen optimistischen Themenwechsel. So entsteht folgende Mißverständnismatrix:

Alltagsgespräche	
Ostdeutsche	Westdeutsche
reden lieber über Mängel und Mißstände	reden lieber über leichte Themen und Nichtigkeiten
Vorteil: Nähe und Solidarität	Vorteil: positive Stimmung
nennen sich selbst: offen, leutselig	nennen sich selbst: geistreich, diskret
nennen die Westdeutschen: oberflächlich, abweisend	nennen die Ostdeutschen: larmoyant, unersättlich

Diese gegenseitigen negativen Zuschreibungen verknüpfen sich mit den vorher bereits genannten und lassen ein zunehmend feindliches Bild voneinander entstehen. Dabei würde es genügen, sich klarzumachen, daß es in beiden Fällen um Small talk, um Alltagsgespräche ohne Tiefe und Konsequenz geht. Man redet, um Kommunikation herzustellen, um die Zeit und das Schweigen zu füllen und um sich näher zu kommen. Beide Formen des Gespräches könnten eigentlich problemlos nebeneinander bestehen bleiben, zumal man sich in Alltagsgesprächen ohnehin nur selten zuhört.

Das Beispiel Sachlichkeit

Als wichtigsten kulturellen Unterschied zwischen Ost- und Westdeutschland hatte ich 1996 die Sachlichkeit der Menschen in Ostdeutschland einerseits und das vergleichende Denken in Westdeutschland andererseits benannt. Ich hatte daraus folgende Mißverständnismatrix konstruiert:

Sachlichkeit	
Ostdeutsche	Westdeutsche
Sache im Vordergrund, Beziehung nicht von der Sache getrennt	Personen und ihr Prestigestatus im Vordergrund, Sache getrennt
Vorteil: klare, zielgerichtete Verhältnisse, wenn es keine Kritik gibt	Vorteil: meist gute Grundstimmung, Kritik braucht nicht zu verletzen
nennen sich selbst: sachlich, bescheiden	nennen sich selbst: zugewandt, verbindlich
nennen die Westdeutschen: übertrieben, falsch	nennen die Ostdeutschen: kleinkariert, empfindlich, unfreundlich

Die Ostdeutschen tendierten nach meinen damaligen Beobachtungen dazu, die eigene Person nicht so offensichtlich in den Mittelpunkt zu stellen, sondern sich ganz der Sache hinzugeben und – wenn als Person angesprochen – bescheiden auf die Sache zu verweisen.

Das hat große Vorteile: Man spart Zeit; wenn etwas gesagt ist, wird es nicht wie im Westen in immer neuen originellen Varianten noch einmal gesagt. Ostdeutsche haben das mit dem treffenden Satz karikiert: »Es ist zwar schon alles gesagt, aber noch nicht von jedem.« Insgesamt ist die Kommunikation der Sachlichkeit weniger aufwendig, vielleicht auch weniger brillant, aber klar, stromlinienförmig und zielgerichtet.

Für Westdeutsche wie mich war die Sachlichkeit in der Anfangszeit der Vereinigung manchmal entnervend und trieb mich beinahe zur Verzweiflung. Es fehlten – etwa beim Einkaufen oder in Gaststätten – alle gewohnten Signale der Beziehungsebene, die mir sonst anzeigten, daß alles in Ordnung ist: das Lächeln, der freundliche Blick, die höfliche Stimme und die zugewandte Aufmerksamkeit. Was Ostdeutsche schon als ausgesprochen freundlich erlebten, erwartete ich als Minimalsignal eines normalen Umgangs. Im Vergleich dazu erlebte ich das, was für Ostdeutsche normal war, als abweisend und schroff. Entweder fragte ich mich, was ich jetzt wieder falsch gemacht hatte, oder ich ärgerte mich über den ungehobelten Stil der »Ossis«.

Dabei ist gerade das der Vorteil bei einer Kommunikation, die mit dem Inhaltsaspekt beginnt. Es geht zuerst um die Sache, und deshalb kann man sich viel »unnötige Dekoration« sparen. Der Nachteil dabei ist, daß der Beziehungsaspekt so eng mit dem Inhaltsaspekt verknüpft ist, daß er kaum ein Eigenleben hat. Jede inhaltliche Kritik wird gleich zur Kritik an der Person. Die Sache steht zwar im Vordergrund, doch wird ihre rationale Behandlung oft auf kaum mehr durchschaubare Weise durch die unbewußte Vermengung mit dem Beziehungsaspekt erschwert.

Die gegenseitigen Zuschreibungen, die bei diesem Zusammentreffen alltagskultureller Normen entstanden, könnten kaum bösartiger sein. Bei Vorträgen und Lesungen in den neuen Bundesländern stieß diese Mißverständnismatrix auf die größte Zustimmung.

Deshalb haben wir sie in unserer Untersuchung mit einer eigenen Frage bedacht: Die Aussagen »Beim Diskutieren achte ich eher auf die Reaktionen der anderen« (-3) und »Beim Diskutieren achte ich eher auf sachliche Argumente« (3) konnten auf einer Skala von -3 bis 3 bewertet werden.

Die Differenz zwischen Ost- und Westdeutschland ist zu meiner Überraschung nicht signifikant. Schaut man sich die

Diagramm 13: Grad der Bejahung der Aussage »Beim Diskutieren achte ich eher auf sachliche Argumente.«
(Quelle: eigene Untersuchung 1998)

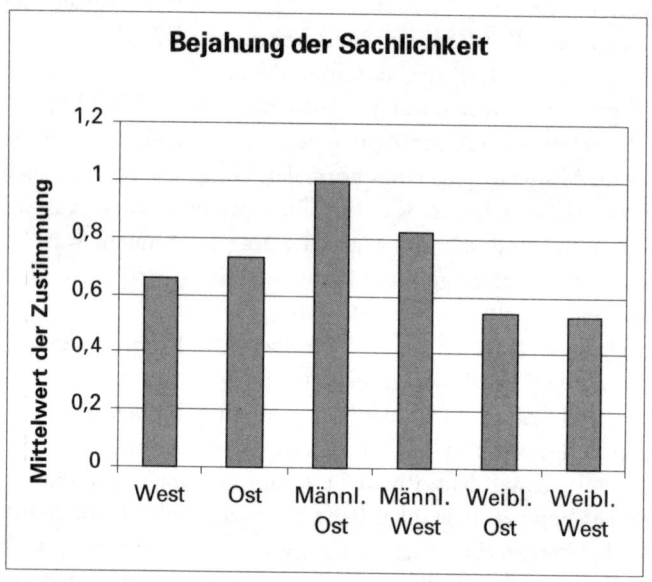

Aufgliederung nach dem Geschlecht an, dann wird deutlich, daß es bei den Frauen kaum einen Unterschied gibt, daß aber der erwartete Unterschied bei den Männern zwischen Ost- und Westdeutschland dafür um so stärker ist.

Der erwartete Unterschied tritt auch bei der Altersverteilung deutlich hervor. Nur in einer Altersgruppe, nämlich bei den 36- bis 45jährigen, überwiegt die Sachlichkeit bei den Westdeutschen.

Diagramm 14: Die Altersverteilung bei der Sachlichkeit
(Mittelwerte) (Quelle: eigene Untersuchung 1998)

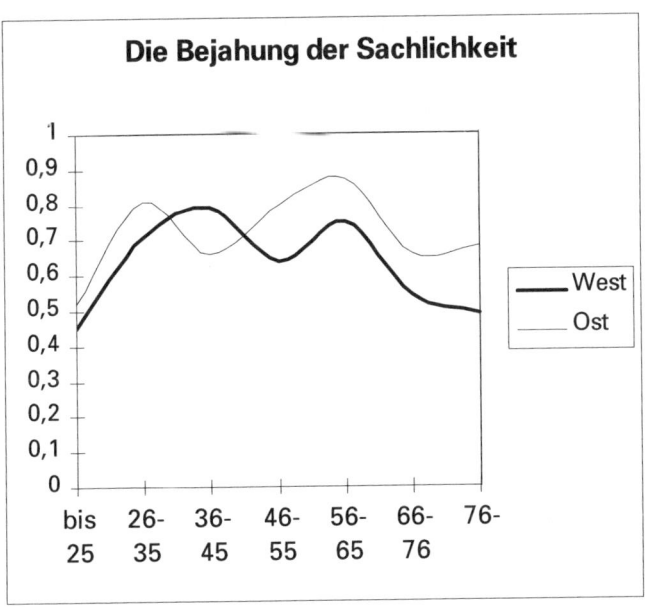

Das Beispiel Konfliktbereitschaft

Im *Kulturschock Deutschland* hatte ich aus eigenen Beobachtungen, Berichten und repräsentativen Erhebungen geschlossen, daß es zwischen Ost- und Westdeutschland einen
deutlichen Unterschied in der Bereitschaft gebe, Konflikte
auszutragen. In den neuen Bundesländern würden die Menschen stärker als im Westen dazu neigen, Konflikte unter die
Decke zu kehren.

Repräsentative Testreihen mit dem Gießen-Test zeigten für
Westdeutschland: »Im Bereich von Streitlust und Eigensinn
hat dabei eine Annäherung [der westdeutschen Bevölkerung,
W. W.] an die Werte der 68er stattgefunden.«[2] Beim Zusam-

143

mentreffen dieser beiden alltagskulturellen Spielregeln ergibt sich die folgende Mißverständnismatrix:

Konfliktbereitschaft	
Ostdeutsche	Westdeutsche
setzen auf Harmonie und überdecken Konflikte	meinen, Konflikte müßten zur Klärung offen ausgetragen werden
Vorteil: man kommt mit dem kleinsten gemeinsamen Nenner über die Runden	Vorteil: wenn die Klärung gelingt, bessere Zusammenarbeit
nennen sich selbst: freundlich, solidarisch, harmonisch	nennen sich selbst: offen, mutig, authentisch
nennen die Westdeutschen: aggressiv, dominant, unsensibel	nennen die Ostdeutschen: feige, scheinheilig

Die Vorteile beider Verfahren sind offensichtlich. Und dennoch habe ich in nahezu allen ost-west-gemischten Gruppen genau an diesem Punkt am häufigsten Ärgernisse erlebt, die dazu führten, daß sich die Angehörigen beider Gruppen voneinander zurückzogen.

Wir haben auch diese Beobachtung in unserer Befragung vom Herbst 1998 einem deutschlandrepräsentativen Test unterzogen. Die Befragten sollten wählen zwischen den Aussagen »Konflikte sollten eher vermieden werden« und »Konflikte sollten eher ausgetragen werden«. Das Ergebnis war bei weitem nicht so eindeutig, wie ich es mir vorgestellt hatte. Es gab keine signifikanten Unterschiede zwischen Ost- und Westdeutschland. Statistisch signifikant waren allein die Unterschiede zwischen den Altersgruppen. Dennoch zeigt das Diagramm einen alltagskulturellen Trend, der mit meinen Beobachtungen nach der Wende übereinstimmt.

Bei allen Gruppen (außer bei den jungen Frauen im Westen) hat die Entwicklung der Konfliktbereitschaft einen ähnlichen Verlauf. Die Bereitschaft, Konflikte auszutragen

Diagramm 15: Grad der Übereinstimmung mit der Aussage »Konflikte sollten eher ausgetragen werden«
nach Herkunftsregion, Geschlecht und Altersgruppen
(Mittelwerte 0 = neutral)
(Quelle: eigene Untersuchung 1998)

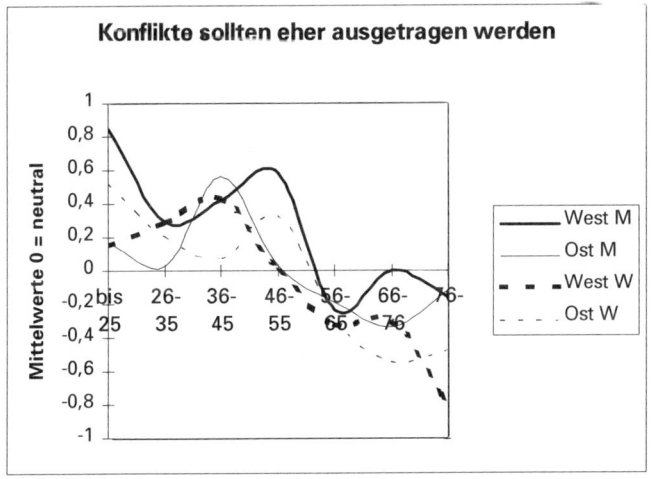

bzw. Auseinandersetzungen positiv zu bewerten, ist anfangs sehr hoch und sinkt rapide bis in die Mitte des dritten Lebensjahrzehnts, um dann noch einmal anzusteigen und wiederum stark abzufallen. Das könnte man als zunehmende Lebensweisheit interpretieren. Wahrscheinlicher ist aber, daß sich hier ein allgemeiner alltagskultureller Wandel im Sinne meines Modells anzeigt: Neue kulturelle Praktiken entstehen bei den jungen Avantgarden, setzen sich auch am schnellsten bei der Jugend und bei den ökonomisch Aktiven durch und brauchen am längsten, um auch die ältere Generation zu erreichen. Diese ist wie ein lebendes Museum, in dem die Tradition der kulturellen Praktiken und Einstellungen vergangener Epochen konserviert und gepflegt wird.

Das Bild zeigt aber auch die Richtigkeit meiner damaligen

Beobachtungen: Die westdeutschen Männer bringen in beinahe allen Altersgruppen die größte Bereitschaft zum Konflikt mit, nur nicht zwischen dem 26. und 45. Lebensjahr, wo sie von den westdeutschen Frauen überboten werden. Und die Männer in den neuen Bundesländern zeigen in beinahe allen Altersgruppen, außer bei den 36–45jährigen, eine geringere Konfliktbereitschaft als die Männer in Westdeutschland. Bei den Frauen ist allerdings alles anders. Westdeutsche Frauen sind zwar in der Phase zwischen dem 25. und 45. Lebensjahr besonders konfliktbejahend, aber davor und danach sind sie in der Regel konfliktscheuer als die Frauen in Ostdeutschland.

Das Beispiel Politik und Wahrheit

Eine empirische Untersuchung Anfang der neunziger Jahre über die politische Kultur in West- und Ost-Berlin zeigte[3], daß die Ostberliner Befragten sehr viel häufiger der Aussage zustimmten: »In unserem Staat sollten sich Gruppen- und Verbandsinteressen bedingungslos dem allgemeinen Wohl unterordnen«.

Ich meinte, hier den eigentlichen Schlüssel zum Unterschied in der Ost-West-Kultur gefunden zu haben: In der Aussage wird vorausgesetzt, das Gemeinwohl sei erkennbar. Das aber heißt nichts weniger als: Es gibt eine Wahrheit, die für alle gilt, und sie ist erkennbar.

In puncto Wahrheitsgläubigkeit ergab sich folgende Mißverständnismatrix:

Wahrheitshoffnung

Ostdeutsche	Westdeutsche
glauben die Erkenntnis von Wahrheit und Gemeinwohl sei möglich	bezweifeln die Möglichkeit einer vorbindlichen Wahrheit
Vorteil: Selbstgewißheit und Klarheit	Vorteil: Skepsis und Kritik
nennen sich selbst: begeisterungsfähig, altruistisch, eindeutig	nennen sich selbst: herzlich, gefühlvoll, kritisch
nennen die Westdeutschen: zynisch, wankelmütig, verstiegen	nennen die Ostdeutschen: autoritär, naiv

Die Sicherheit, Ruhe und Klarheit, die zumeist mit Wahrheitsgläubigkeit einhergehen, sind natürlich weitaus anziehender als die Ungewißheit und ewige Streiterei in einer wahrheitsungewissen pluralistischen Gesellschaft. Und doch hat auch diese ihre Vorteile: Weil niemand die Wahrheit hat, ist Toleranz gefragt. Und weil die Erinnerung daran bewahrt werden darf, wie oft man sich zuvor schon geirrt hat, gewinnt man mit der Zeit eine ironisch-humorvolle Geduld und Gelassenheit, also eine gewisse Distanz zu seinen eigenen Leidenschaften und moralischen Gewißheiten. Und weil man weiß, daß das Spiel um das Aushandeln der gerade geltenden »Wahrheit« nie zu Ende geht, fällt es leichter, zeitweise zu den »Verlierern« zu gehören.

In unserer Umfrage 1998 testen wir die Gemeinwohlfrage. Sie sah so aus: Die Aussagen »Die Einzelinteressen sollten hinter dem Gemeinwohl zurückstehen« (-3) und »Die Einzelinteressen sind wichtiger als das Gemeinwohl« (3) sollten auf einer Skala von -3 bis 3 bewertet werden.

Die Ergebnisse waren überraschend. Ähnlich wie in der Berliner Befragung gab es zwar eine leicht höhere Bewertung des Gemeinwohls bei den Ostdeutschen, aber der Unterschied ist statistisch nicht signifikant, und beide stimmen der Unterordnung von Einzelinteressen unter das Gemeinwohl deutlich zu. Lediglich bei den unter 25jährigen und über 65jährigen sind die Ostdeutschen politisch deutlich stärker auf das Gemeinwohl ausgerichtet als die Westdeutschen.

Das Beispiel Geschlechterverhältnis

Es ist zweifellos einer der großen Erfolge der feministischen Diskussion in Westdeutschland, daß sich die Wahrnehmung von sexistischer Unterdrückung und Diskriminierung in allen Bereichen, in Politik, Öffentlichkeit, Werbung, Medien, selbst im privaten Bereich geschärft und in vielen dieser Bereiche zum Umdenken und zu neuen Umgangsformen geführt hat.

Eine erkämpfte, vor allem symbolische Emanzipation der Frau im Westen steht somit einer Wirklichkeit gewordenen, obschon »verstaatlichten« Emanzipation im Osten gegenüber. Als die Vertreterinnen der beiden unterschiedlichen Emanzipationsprozesse aufeinandertrafen, entsprach das Resultat der unten abgebildeten Mißverständnismatrix:

Geschlechterverhältnis

Ostdeutsche	Westdeutsche
eine Frau steht ihren Mann	Frauen haben eine eigene Welt, die gleichberechtigt neben der männlichen steht
Vorteil: Frau und Mann sind Kumpel, können aber jederzeit die Geschlechterspannung ohne Sanktionen aktivieren	Vorteil: zunehmende Anerkennung des Weiblichen, Geschlechterspannung immer präsent
nennen sich selbst: unkompliziert, liebesfähig, flirtbereit	nennen sich selbst: emanzipiert, aufgeklärt, aufgeschlossen
nennen die Westdeutschen: verstiegen, kompliziert	nennen die Ostdeutschen: sexistisch, zurückgeblieben

Am deutlichsten machte sich der Unterschied für mich in der Verwendung der Geschlechtsbezeichnung etwa bei Berufen bemerkbar. Ich stellte sie deshalb in der Erstausgabe von *Kulturschock Deutschland* bei diesem Thema in den Mittelpunkt.

Aber schon bei Veröffentlichung des Buches stieß ich auf Widersprüche. Mein damaliger Lektor, Westdeutscher, bat mich, die unseligen Wiederholungen wie bei »Wissenschaftler und Wissenschaftlerinnen« wegzustreichen und nur die männliche Form zu verwenden. Ich weigerte mich empört, verwies darauf, damit würde ich meinen eigenen Aussagen widersprechen. Ich rief eine frühere Lektorin an, die im Westen aufgewachsen und mir als kämpferische Feministin in Erinnerung war, die ich daher sicher auf meiner Seite wähnte. Sie brach in schallendes Gelächter aus und erzählte, sie habe gerade den gleichen Konflikt mit ihrem Herausgeber. Sie übersetze Texte aus *Le Monde* zum Beispiel über den Krieg in Bosnien und wolle nicht ständig von den Bosniern und

Bosnierinnen, Serben und Serbinnen schreiben, weil sie meine, die Wiederholungen würden Texte unlesbar machen. Ihr Redakteur, auch Westdeutscher, bestehe aber auf den weiblichen Formen. Sie könne mich da nicht unterstützen, im Gegenteil. Die Fronten schienen sich verkehrt zu haben.

Wir haben deshalb in unsere Umfrage vom Winter 1998 eine Frage nach der korrekten Geschlechtsbezeichnung aufgenommen. Die Befragten sollten zu der Aussage Stellung nehmen: »Ich halte eine korrekte Bezeichnung der Geschlechter (z.B. Arzt/Ärztin) für wichtig.« Das folgende Diagramm zeigt überraschende Ergebnisse.

Diagramm 16: Grad der Zustimmung zu der Aussage »Ich halte eine korrekte Bezeichnung der Geschlechter (z.B. Arzt/Ärztin) für wichtig« nach Herkunftsregion und **Geschlecht** (Mittelwerte 0 = neutral; positive Werte Zustimmung) (Quelle: eigene Untersuchung 1998)

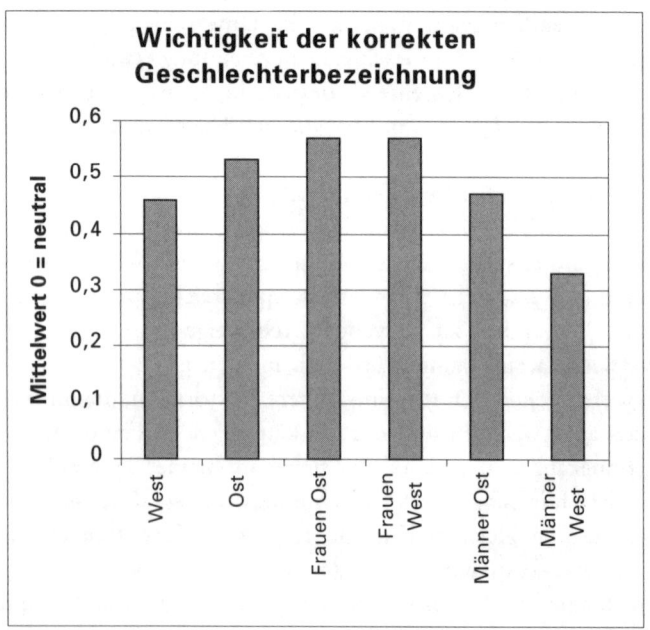

Der Unterschied zwischen Ost- und Westdeutschland ist nicht signifikant, und er weist gerade in die umgekehrte Richtung als erwartet. Ostdeutsche finden die korrekte Geschlechterbezeichnung wichtiger als Westdeutsche. Dieser erstaunliche Unterschied wird aber nicht durch die Frauen erzeugt. Die Frauen sind sich in dieser Frage einig. Der Unterschied kommt durch die Männer zustande. Sowohl die Männer im Osten wie im Westen legen weniger Wert auf die korrekte Geschlechterbezeichnung – die im Westen aber noch sehr viel weniger als die im Osten.

Zur Zeit der Erstausgabe von *Kulturschock Deutschland* haben diese Verhältnisse wahrscheinlich noch anders ausgesehen. Hier findet offensichtlich ein rascher kultureller Wandel statt. Richter und Brähler haben bei ihren in regelmäßigen Abständen durchgeführten repräsentativen Untersuchungen mit dem von ihnen entwickelten Gießen-Test herausgefunden, daß – ganz entsprechend meinem Modell – viele Werthaltungen der Studenten der 68er Generation inzwischen von der Gesamtbevölkerung übernommen wurden, während die Studierenden von heute ganz anderen, eher konservativen Werten anhängen. Dafür sprechen die Daten von 1998, wenn man die ganz Jungen mit der Generation der 68er, der heute 46–55jährigen, vergleicht (s. Diagramm 17, folgende Seite).

Das Diagramm weist auf eklatante kulturelle Wandlungen hin. Bei der Generation der 68er bestätigt sich der von mir seinerzeit erwartete Unterschied: Die 68er-Frauen aus Westdeutschland bejahen die Wichtigkeit der korrekten Geschlechterbezeichnung am stärksten, gefolgt von den 68er-Männern aus Westdeutschland und 68er-Frauen aus Ostdeutschland, und am Schluß rangieren die 68er-Männer aus dem Osten.

In der Generation der unter 25jährigen ist das völlig anders. Den jungen Frauen in Ost und West ist die korrekte Geschlechterbezeichnung wichtiger als ihrer Elterngeneration, wenn auch mit einer deutlichen Abstufung von West

Diagramm 17: Zustimmung zur Wichtigkeit korrekter Geschlechterbezeichnung bei den unter 25jährigen und den Angehörigen der 68er Generation.
(Mittelwerte) (Quelle: eigene Untersuchung 1998)

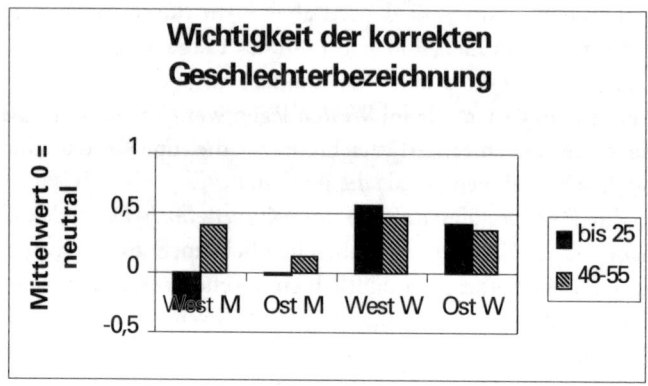

nach Ost, die meinen Erwartungen entspricht. Bei den jungen Männern dagegen findet eine radikale Umkehr statt. Im Westen halten sie die korrekte Geschlechterbezeichnung für ausgesprochen unwichtig und sind sich darin so einig wie sonst keine Gruppe bei dieser Frage. Sie übertreffen mit ihrer Ablehnung sogar die jungen Männer aus Ostdeutschland.

An diesem Beispiel zeigt sich, daß man inzwischen bei der Betrachtung der Gesamtbevölkerung an einen Punkt kommt, wo die Werte nicht mehr viel aussagen. Die Entwicklungen haben sich zu stark differenziert. Es ist deshalb für die genauere Analyse notwendig, einzelne Untergruppen voneinander zu unterscheiden und diese getrennt zu betrachten. Das soll im nächsten Kapitel geschehen.

6. Kapitel

Die kulturellen Unterschiede

Bei einem Vortrag über den *Kulturschock Deutschland* vor dem CDU-Wirtschaftsrat in Erfurt wies mich 1998 eine junge, allem Anschein nach erfolgreiche Unternehmerin darauf hin, daß ich in meinem Buch die kulturellen Werte von West- und Ostdeutschen so darstelle, als ob sie auf gleicher Ebene stünden. Dabei sei es in ihrer Erfahrung so, daß die westdeutschen Werte als »die richtigen« gelten. Es seien schließlich die Ostdeutschen, die sich den westdeutschen Gepflogenheiten anzupassen hätten.

Natürlich hatte sie recht. Erschreckend war, daß ich das selbst nicht gesehen hatte. Als ich das Modell vom Kulturschock Deutschland erstmals an meinem Fachbereich in Erfurt vorstellte, hatte ich die westdeutsche Dominanz im Prestige noch berücksichtigt. Das fanden meine überwiegend aus der 68er Generation des Westens stammenden Kollegen aber so unerträglich, daß sie kein gutes Haar an meiner Präsentation ließen. Vermutlich war ihnen das offensichtliche Ungleichgewicht genauso peinlich wie mir. Sie sagten, ich hätte Glück, daß niemand »von hier« zugehört habe, als ob erst das Aussprechen die täglich praktizierte Abwertung real mache. Sie glaubten die Ostdeutschen zu schützen, dabei ging es wahrscheinlich darum, sich selbst zu schonen. Das war wohl auch der Grund, warum ich so schnell auf ihre Linie umschwenkte. Es war leichter, in Sozialarbeitermanier die frohe Botschaft der gleichwertigen interkulturellen Begegnung zu verkünden, als die Machtansprüche westlicher Alltagsnormen zu benennen. Es war leichter, die Illusion zu verbreiten, mit ein wenig »gutem Willen« beider Parteien

werde es schon gehen. Das bestehende Ungleichgewicht auf-
zuzeigen und dabei auch noch auf der Seite der Privilegierten
zu stehen, beschämte und verstieß gegen die Gebote der 68er-
Moral: statt Identifikation mit dem Unterdrücker Identifikation mit dem Unterdrückten. Die ganze Analyse bekam
dadurch aber etwas Scheinheiliges. Das soll nun, in einem
zweiten Blick, korrigiert werden.

Der Kulturschock als Abwertungserlebnis

Im ökonomischen Prestige bildeten die neuen Bundesbürger
direkt nach der Vereinigung mit wenigen Ausnahmen eine
neue Schicht der Armut. In der wissenschaftlichen Literatur
zur Armutsforschung[1] setzt sich die Definition durch, daß
jemand dann als arm gilt, wenn die Person weniger als 50
Prozent des vergleichbaren Durchschnittseinkommens hat.
Ab 40 Prozent spricht man von extremer Armut. 1991 betrug
das durchschnittliche verfügbare Einkommen in Ostdeutschland 40,6 Prozent des westdeutschen Durchschnitts.[2] Mit der
Vereinigung wurden also Menschen, die sich in ihrer Gesellschaft als wohlsituiert und im Vergleich zu Polen, Rumänien,
Bulgarien reich vorgekommen waren, plötzlich zur Armuts-
schicht in einer Gesellschaft, mit der sie sich als gleichwertige
Deutsche hatten vereinigen wollen.

Im kulturellen Prestige verlief der Prozeß differenzierter,
doch mit dem gleichen Ergebnis. Zunächst wurde die erste
obsiegende und dazu noch friedliche Revolution in der deutschen Geschichte hoch geschätzt. Doch bald nach der ersten
Euphorie setzte eine systematische kulturelle Entwertung
der DDR und der neuen Bundesländer ein und nahm Woche
für Woche zu. Als dann bei den Volkskammerwahlen im
März 1990 die Helden der friedlichen Revolution von denen,
die sie befreit hatten, so schmählich im Stich gelassen wurden

und als einer nach dem anderen der Parteigründer, Minister und Kirchenrepräsentanten der Mitarbeit bei der Staatssicherheit, des Spitzel- und Denunziantentums also, überführt oder dringend verdächtigt wurde, kamen die ganze DDR und mit ihr alle Bewohner der neuen Bundesländer in Verruf. Sie waren allesamt, so erschien es damals in der öffentlichen Meinung, entweder korrupt oder unbedarft.

Zeitgleich wurde die Totalitarismustheorie ausgegraben. Sie war vor und während des Zweiten Weltkriegs vor allem von Hannah Arendt entwickelt worden und sah in Stalinismus und Nationalsozialismus eine Gemeinsamkeit: Den totalen Machtanspruch und die Herrschaft des totalitären Staates. In der unmittelbaren Nachkriegszeit hatte die Theorie Hochkonjunktur, weil sich mit ihr im Westen die moralische Empörung über den Nationalsozialismus bewahren und gegen die Sowjetunion umleiten ließ. In den sechziger Jahren wurde sie aber als wissenschaftlich unhaltbar und politisch untauglich verworfen. Wissenschaftlich unhaltbar war sie geworden, weil sie die Unterschiede zwischen Kommunismus und Nationalsozialismus ignorierte, die in der nachstalinistischen Ära immer mehr in den Vordergrund traten. Politisch untauglich war sie geworden, weil sie die Politik des »Wandels durch Annäherung« (die vermutlich den Untergang des Warschauer Pakts bewirkt hat) moralisch so diskreditiert hätte, daß sie kaum möglich gewesen wäre.

Nach dem Zusammenbruch des sogenannten real existierenden Sozialismus war sie plötzlich wieder da: in Wissenschaft, Politik und vor allem in den Medien. Vergleiche zwischen der DDR und dem Dritten Reich wurden gezogen, »was vor einigen Jahren völlig undenkbar war«, wie der Totalitarismusforscher Wolfgang Wippermann den »stillen Sieg« dieser alten Theorie treffend beschreibt.[3] Mit ihr wurde alles in der DDR zum Bestandteil der »totalen«, will sagen allumfassenden Diktatur, und alle, die nicht eigene Verfolgung nachweisen konnten, galten umstandslos als aktive

Stütze und Teil eines totalen Herrschaftsapparats. Wenige Monate nach der Vereinigung hatte sich auch in der Dimension des kulturellen Prestiges das ereignet, was schon zuvor beim ökonomischen Prestige geschehen war: die radikale Abwertung des Ostens gegenüber dem Westen. Herrschende Meinung war, daß sich die Menschen in den neuen Bundesländern für ihr bisher geführtes Leben rechtfertigen oder entschuldigen müßten.

In meinem Modell kann man die Situation in der soeben vereinten Bundesrepublik folgendermaßen darstellen:

Abbildung 7: Die Situation nach der Vereinigung

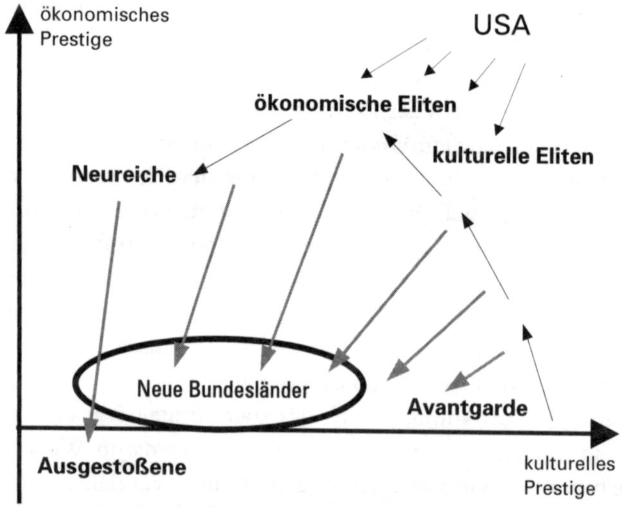

Menschen, die sich einer solchen Abwertung ausgesetzt sehen, reagieren darauf in der Regel mit Fundamentalismus: die Überbetonung des kulturellen Prestiges.

Der pietistische Fundamentalismus in Deutschland trat nicht zufällig seinen Siegeszug in jenen Regionen an, in denen das Erbrecht die Menschen verarmen ließ. Auf der Schwäbischen Alb und nördlich von ihr herrschte Realteilung. Das ererbte Land des Vaters mußte zwischen allen Kindern aufgeteilt werden. Da blieb für die einzelnen bald kaum mehr etwas übrig. Gegen diesen materiellen Abstieg mobilisierten sie eine symbolische kulturelle Aufwertung, indem sie alle Welt an Frömmigkeit übertrafen. Sie suchten mit kultureller Überlegenheit ihren ökonomischen Abstieg zu kompensieren.

Der islamische Fundamentalismus kann als eine Reaktion auf den Aufstieg der Frauen im Zuge der Industrialisierung und Verwestlichung der islamischen Länder verstanden werden. Sie rückten aus ihrer bis dahin untergeordneten und verborgenen Position in die Öffentlichkeit und in Stellungen, die zuvor einzig mit Männern besetzt waren. Die Reaktion war eine radikale antimodernistische Bewegung der Männer. Mit dem Rückgriff auf Regeln und Rituale der islamischen Tradition des Mittelalters (im Koran gab es dafür keine Grundlage) konnten sie ihre eigene symbolische Überlegenheit wieder herstellen und die Frauen auch in der Realität wieder ins Haus und hinter den Schleier zurückdrängen. Zugleich reagierte der islamische Fundamentalismus auf die zerbrochenen Hoffnungen der siebziger und achtziger Jahre, ökonomisch aufzusteigen. Der Abstand zu den Industrieländern hatte sich vergrößert, statt geringer zu werden. Es war evident geworden: Die Kluft im ökonomischen Prestige würde sich nie schließen. Also konnte man die Prestige-Lücke nur ausfüllen, indem man in der Dimension des kulturellen Prestiges die eigene Überlegenheit und Ausschließlichkeit proklamierte. Die moralische Überlegenheit über eine dem

Mammon verfallene westliche Welt wurde zum rettenden Muster der Weltsicht.

Fundamentalismus ist eine Reaktion auf wahrgenommenen oder wirklichen Statusverlust durch die Betonung derjenigen kulturellen Werte, die eine symbolische Überlegenheit über konkurrierende Gruppen behaupten.

In den neuen Bundesländern liegt der Rückgriff auf eine Welt der religiösen Symbole für die meisten Menschen ziemlich fern. Der Sozialismus hat Kirchenferne zur selbstverständlichen Normalität werden lassen: Wo in Westdeutschland Kirchenmitgliedschaft noch in vielen Gebieten zum guten Ton gehört, sind in Ostdeutschland nur noch diejenigen Mitglied der Kirche, denen es tatsächlich ein Glaubensbedürfnis ist. Und das sind wenige.

Gleichzeitig hat der DDR-Sozialismus die protestantische Ethik auf die Spitze getrieben: Die Leidensverliebtheit, Opferbereitschaft und Paradieshoffnung auf eine gloriose Zukunft wiederholten sich quasi auf profaner Ebene. Auf diesen »atheistischen Protestantismus« konnten die nach der Vereinigung herabgewürdigten Ostdeutschen zurückgreifen. Daß sie dies taten, dafür gibt es viele Indizien. Detlef Pollack und Gert Pickel[4] haben anhand von *Allbus*-Daten gezeigt, daß die Forderung nach Gleichheit zum Zeitpunkt der ersten Befragung 1990 in Ostdeutschland geringer war als in Westdeutschland. Unter dem Eindruck der andauernden Benachteiligung gewann dieser alte sozialistische und protestantische Wert unter den Ostdeutschen immer mehr an Bedeutung, 1992 mehr als unter Westdeutschen und ist nun in den neuen Bundesländern das dominierende Merkmal im Unterschied zwischen Ost- und Westdeutschen.[5]

Pollack und Pickel wollen damit nachweisen, daß die Gleichheit als hoher Wert kein Ergebnis einer direkten DDR-Sozialisation, sondern ein Produkt der Vereinigung ist. In einem vorangegangenen Aufsatz wollte Pollack damit sogar beweisen, daß es gar keine selbständige DDR-Kultur gegeben habe. Alle heute feststellbaren Unterschiede seien nur eine Reaktion auf die Erniedrigungen nach der Wende.[6] Dietrich Mühlberg weist jedoch zu Recht darauf hin, daß die Erfahrung der Zweitrangigkeit gegenüber der »Bezugsgesellschaft BRD« ein konstantes Element während der gesamten Geschichte der DDR, also keine spezifische Nach-Wende-Erfahrung ist.[7] Wolfgang Engler betont in seiner Analyse der DDR-Kultur die Gleichheit als Wert der »arbeiterlichen Gesellschaft«. Sie erlebte ihre Zweitrangigkeit gegenüber Westdeutschland hinter einer Mauer, die Westdeutschland in unerreichbare Ferne rückte. Nach der Vereinigung waren die Ostdeutschen mittendrin und erlebten ihre Zweitrangigkeit im täglichen Vergleich. Ihre fundamentalistische Reaktion darauf griff auf hohe kulturelle Werte zurück, die in der Wendezeit nur zeitweise in Frage gestellt waren: Gleichheit und Solidarität.

Die Betonung der moralischen Überlegenheit über den egoistischen, ungerechten Kapitalismus, indem man auf Werte wie Gleichheit, Solidarität und soziale Sicherheit des Sozialismus zurückgriff, war nicht der einzig mögliche Weg, den Verlust an ökonomischem Prestige durch kulturelles Prestige auszugleichen. Es stand auch der Rückgriff auf autoritäre, rassistische und nationalistische Elemente des DDR-Systems zur Verfügung. Ich habe zugehört, wie junge Rechtsradikale in Ostdeutschland die Armee der DDR verherrlichten, die NVA, die wenigstens noch eine »richtige« Armee gewesen sei, weil sie in Uniform und Drill der Wehrmacht Hitlers ähnlicher war als die »lasche« Bundeswehr; und junge rechtsradikale Häftlinge erzählten mit glänzenden Augen vom »DDR-Knast«, der noch ein »richtiges Gefängnis« gewesen sei. Diese rechte Spielart des Fundamentalismus entwickelte sich unabhängig von den Rechten in den alten Bundesländern.[8] Sie reagierte zum Teil auch auf die Angst, im eigenen Status sogar unter den der im Westen beschäftigten ausländischen Arbeitskräfte zu sinken. In Berlin erzählte mir eine Mutter aus Ostberlin, deren Tochter in Westberlin zur Schule ging, daß ihr dort von türkischen Mitschülerinnen triumphierend zugerufen worden sei: »Ihr seid die neuen Türken hier.«

Die soziale »Entmischung« in den neuen Bundesländern und ihre Folgen

Bis 1998 hatte sich die Einkommenssituation in den neuen Bundesländern differenziert. Innerhalb der neuen Bundesländer entwickelte sich schnell ein Prozeß, der mit dem schönen Wort »Entmischung« beschrieben wird. Wo vorher Ärztin und Bauarbeiter in der gleichen Wohnscheibe Nachbarn waren, zieht jetzt die Ärztin mit ihrem von den Fesseln des Sozialismus befreiten Einkommen in ihr steuerbegünstigt – weil zugleich Ort ihrer neuen Praxis – gebautes Eigenheim. Die Wohnung in der Platte kaufte sie günstig und vermietete sie an wohngeldberechtigte Sozialhilfeempfänger. Ihren alten Nachbarn trifft sie nur noch bei Eigentümerversammlungen.

Als Folge der »Entmischung« ist der anfänglich extreme Unterschied zwischen den Durchschnittseinkommen in Ost- und Westdeutschland auf eine Spanne von etwas über 20 Prozent zurückgegangen und bleibt dort seit mehreren Jahren stecken. Die Arbeitgeber argumentieren, sie würden bei einer Angleichung pleite gehen. Die Produktivität ihrer Betriebe liege zum Teil nur bei 50 Prozent derjenigen in Westdeutschland. Das nimmt nicht Wunder: Wenn ich aus Konkurrenzgründen mein Produkt billiger verkaufe, sinkt die Produktivität, obwohl sich an der Produktion selbst nichts verändert hat.

Aber nicht nur das Durchschnittseinkommen unterscheidet sich, auch die Verteilung der Einkommen ist in Ostdeutschland ganz anders als in Westdeutschland. Das zeigt das folgende Diagramm.[9] Es basiert auf den Ergebnissen der repräsentativen Allbus-Befragung von 1998. Auf die Frage nach dem monatlichen Nettoeinkommen sollten sich die Befragten einer Kategorie zuordnen.

Diagramm 18:
Die Einkommensverteilung Ost-West im Herbst 1998

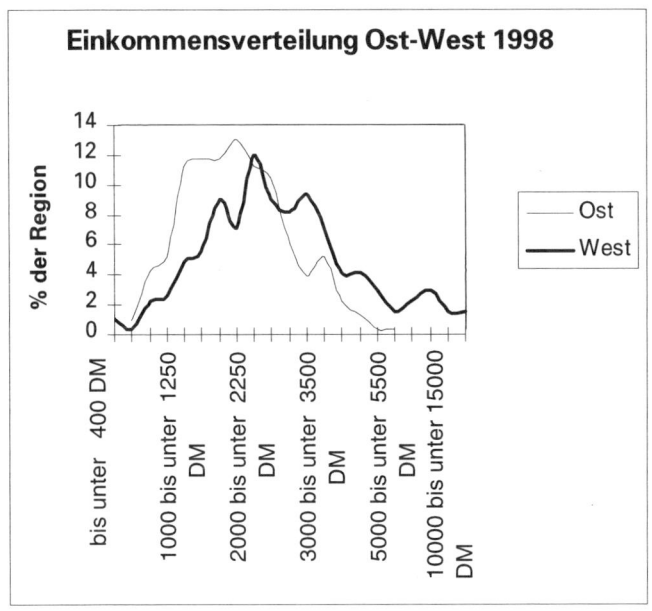

Hohe Einkommen gibt es in den neuen Bundesländern kaum. Für den Bereich unter 400,– DM gibt es für Ostdeutschland auch keine Angaben. In der unteren Gruppe zwischen DM 400 bis 2250 monatlich sind die Ostdeutschen viel stärker vertreten als die Westdeutschen. Die Einkommen in Westdeutschland sind breiter gestreut und insgesamt höher als in Ostdeutschland. Sie zeigen in Westdeutschland einen viel höheren Grad der »Entmischung« an. Es ist der Weg,

161

der offensichtlich auch für die neuen Bundesländer vorge-
zeichnet ist. Schon jetzt hat sich die Einkommensdifferenz,
die zu DDR-Zeiten maximal 1 zu 5 war, auf über 1 zu 10 gesteigert. Wie kam das zustande?

Die Untersuchungen der Kommission zur Erforschung
des sozialen und politischen Wandels in den neuen Bundesländern hat einen Band herausgegeben mit dem makabren
Titel: *Aufstieg für alle?*[10]

Wesentliche Ergebnisse sind:

Die Elitepositionen wurden nur zum Teil durch Westdeutsche ersetzt. Der überwiegende Teil kommt und kam aus den
neuen Bundesländern selbst. Ein Grund dafür waren die in
den Augen der in Frage kommenden West-Eliten schlechteren Lebensbedingungen in Ostdeutschland, die viele davon
abhielten, dort eine Position auf Dauer zu übernehmen. An
meiner Hochschule haben noch heute die meisten Professo-
ren aus dem Westen ihren Hauptwohnsitz im Westen und
pendeln jeweils tageweise an ihren Arbeitsplatz.

Ausgewechselt wurden in der Elite »vor allem weibliche
und männliche Leistungskader sowie männliche Angehörige
der alten oberen Dienstklasse, die 1989 systemloyal waren«.[11]
Für viele von ihnen bedeutete dieser Wechsel einen großen
Statusverlust. Dennoch hielten sie sich im Beschäftigungs-
system besser als der Durchschnitt der Ostdeutschen. Im Juli
1999 stellte der Bundesbeauftragte für die Unterlagen des
Staatssicherheitsdienstes, Joachim Gauck, fest: Es habe für die
Täter der DDR ein »sehr sanfter Übergang« stattgefunden.[12]

Insgesamt hat die Wende weniger Veränderung »im sozialen Gefälle« gebracht, als man meinen würde, wenn man nur
den Medien glauben würde. Diejenigen, die schon in der
DDR oben waren, sind überwiegend oben geblieben. Und
diejenigen, die schon damals eher unten standen, sind unten
geblieben und oder noch tiefer gestürzt. Heftige Verschie-
bungen fanden nur in der Mitte statt. Dabei setzte sich als
neues Unterscheidungskriterium zunehmend die Diskrimi-

nierung von Frauen durch: Selbst ostdeutsche Frauen, denen
es gelang, dauerhaft erwerbstätig zu bleiben, mußten häufig
einen überdurchschnittlich großen beruflichen Abstieg hinnehmen, während die entsprechend erwerbstätig gebliebenen
Männer beruflich aufgestiegen sind.[13] Auch sonst bewegte
sich der Prozeß auf das westdeutsche Vorbild zu und hat beinahe überall das westdeutsche Niveau inzwischen erreicht.
Dennoch zieht Frank Adler das Fazit: »Die gängige The-
matisierung des ostdeutschen Transformationsprozesses als
›radikaler Bruch‹ scheint – zumindest aus ungleichheits-
soziologischer Perspektive – relativierungs- und ergänzungs-
bedürftig.«[14] Er war, das machen die Untersuchungen deutlich, weniger ein sozialer als ein kultureller Bruch, und so
radikal, daß er tatsächlich zum Kulturschock führte.

Bei den Einkommen bildete sich schon in der Zeit bis 1993
eine kleine gehobene Sozialschicht heraus, die in nahezu allen
Dimensionen gute bis sehr gute Lebensverhältnisse aufweist.[15] Die relative Einkommensposition von Arbeitern, insbesondere weiblichen, un-/angelernten und älteren, hat sich
dagegen im Prozeß der Transformation verschlechtert. Relative Verschlechterungen sind auch bei Arbeitslosen und Leuten, die in den Vorruhestand geschickt worden sind, festzu-
stellen, während sich die finanzielle Situation von Rentnern
überproportional verbessert hat.[16]

Die früheren DDR-Eliten wurden also nur in Spitzenpositionen und im Bereich des Rechts und der Gesellschaftswis-
senschaften durch westdeutsche ersetzt. Große Teile der früheren Eliten wechselten auf der gleichen Ebene, nahmen
zeitweise Einschränkungen hin oder blieben auf ihren Positionen, besonders dann, wenn sie etwa als Lehrer oder Inge-
nieure zu den Funktionseliten gehört hatten. Insgesamt wurde der Umfang der Elitepositionen stark reduziert.

Wenn man auf dieser Grundlage die Verhältnisse der neuen
Bundesländer nach meinem Modell darzustellen versucht,
kommt man zu folgendem Bild 8.

Abbildung 8: Schematisches Modell der Verhältnisse in den Neuen Bundesländern

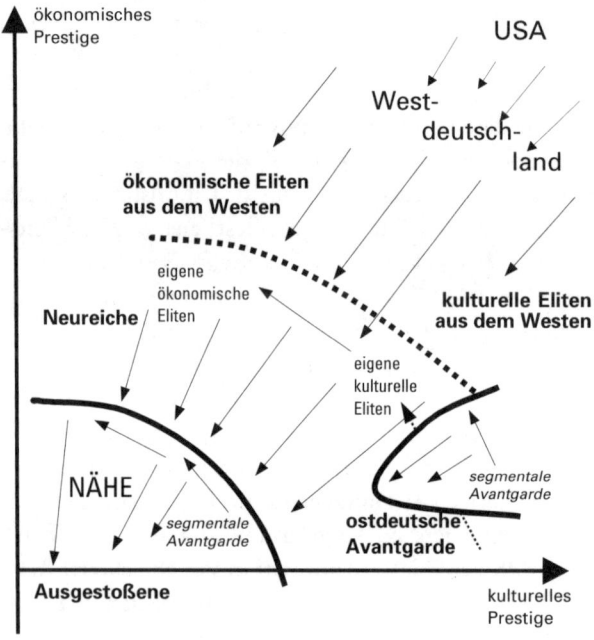

Aus dem Modell ergeben sich eine Reihe von Hypothesen in bezug auf die gegenwärtige Situation und die weitere Entwicklung in den neuen Bundesländern, die ich darstellen und anhand empirischer Ergebnisse aus dem Jahr 1998 belegen will.

Das Modell weist im Unterschied zur DDR- und unmittelbaren Nachwendezeit eine große Differenzierung in der Mitte auf. Im oberen Bereich befinden sich die ostdeutschen Eliten in einer Konkurrenzsituation und teilweisen Aufstiegsblockade zu den westdeutschen Eliten, und zwar in doppelter Weise: zum einen mit den aus Westdeutschland stammenden Inhabern von Führungspositionen in den neuen

Bundesländern und zum anderen mit den westdeutschen Eliten in Westdeutschland selbst. Beide haben die Spitzenpositionen hier wie dort besetzt und erschweren den ostdeutschen Eliten den weiteren Aufstieg. Diese Aufstiegsbarriere ist aber relativ durchlässig und ist deshalb nur punktiert dargestellt.

Am rechten Rand der Abbildung findet sich ein weiteres aufstiegsblockiertes Segment: Es handelt sich um die Teile der ehemaligen DDR-Eliten, die nach der Wende aus ihren Positionen entfernt worden sind und dabei einen Abstieg in Kauf nehmen mußten, den zu kompensieren sie keine Aussicht mehr haben.

Am linken unteren Bildrand steckt das dritte im Aufstieg blockierte Segment: Es sind die eigentlichen Verlierer nach der Wende, vor allem Frauen und wenig Qualifizierte und diejenigen der nachwachsenden Generation, die über nicht genügend kulturelles Prestige verfügen (Schule, Flexibilität, Qualifikation), um für sich den gewünschten Aufstieg zu organisieren.

Nach dem im dritten Kapitel entwickelten Modell führen Aufstiegsblockaden bei den Betroffenen zu kulturellen Gegenreaktionen. Die Inhalte der Alltagskultur derjenigen Gruppen, die am weitesten bis zur Blockade aufgestiegen sind, werden übertrieben und der ausschließenden Kultur als Gegenkultur entgegengehalten. Das blockierte Segment bleibt in der Regel dabei nicht stehen. Weil auch in ihm die Dynamik der Imitation und Abgrenzung herrscht, müssen die jeweils höchsten Schichten im Segment wie die Eliten der Gesamtgesellschaft immer wieder neue kulturelle Praktiken entwickeln oder von anderen – von auswärts oder von den segmentalen Avantgarden – übernehmen. Auch diese neuen Verhaltensweisen breiten sich im jeweiligen Segment aus und lassen nach und nach deutlich unterschiedene Subkulturen entstehen.

Wenn man dieses Modell auf die neuen Bundesländern anwendet, lassen sich vielfältige Entwicklungen nachvollziehen.

Das Modell auf dem Prüfstand

Nach dem Modell geben die jeweiligen Eliten – auch innerhalb des aufstiegsblockierten Segments – den Ton an. Ihre Verhaltensnormen und alltagskulturellen Praktiken setzen sich durch. Es ist also zu erwarten, daß es bei empirischen Untersuchungen zu alltagskulturellen Einstellungen eine deutliche prestigeabhängige Hierarchie geben müßte, aus der sich ablesen läßt, wie sich kulturelle Normen in der Gesellschaft verbreiten.

Um diese Hypothese und damit die Gültigkeit des zugrundeliegenden Modells empirisch zu testen, habe ich das Datenmaterial aus der deutschlandrepräsentativen Befragung vom Herbst 1998 nach vier Einkommensgruppen ausgewertet.[17] Ausgewertet wurde das Nettoeinkommen, das die Befragten angekreuzt hatten. Damit sind zwar nur Abstufungen im ökonomischen Prestige erfaßt. Doch hätte eine zusätzliche Aufteilung nach Bildungsgrad u. a. zu so kleinen Gruppen geführt, daß diese kaum mehr repräsentativ gewesen wären und also keine Rückschlüsse auf die Gesamtgruppe zugelassen hätten.

Die Einkommensgruppe unter DM 1500 erfaßt zwar auch Studierende und Mitglieder der Avantgarde. Sie fallen jedoch bei der großen Zahl der Minderbemittelten kaum ins Gewicht. Die unterste Einkommensgruppe wird deshalb als repräsentativ für die Menschen am linken unteren Rand genommen. Umgekehrt sind in der Gruppe mit einem Nettoeinkommen von über DM 4000 im Monat auch die Neureichen enthalten, die über relativ geringes kulturelles Prestige verfügen. Doch fallen auch sie quantitativ kaum ins Gewicht, so daß die Gruppe mit dem Einkommen von über DM 4000 als repräsentativ für die ökonomische und kulturelle Elite in der rechten oberen Ecke des Schemas genommen wird. Die vier Gruppen stehen also für die Verbreitungsstufen im Modell von rechts oben nach links unten.

Entsprechen die Daten dem Modell, müßte die Bejahung bestimmter Werte von Stufe zu Stufe unterschiedlich ausfallen. Ein aufstiegsblockiertes Segment müßte daran zu erkennen sein, daß es in vielen Bereichen aus der Abstufung ausbricht.

Das Reden über Mängel und Mißstände ist nicht, wie ich eigentlich erwartet hätte, eine Spezialität der Benachteiligten. Im Gegenteil: Es nimmt in Ostdeutschland mit dem Einkommen zu und ist bei den Spitzenverdienern besonders ausgeprägt. In Ostdeutschland entspricht die Abstufung genau dem Modell. Sogar das aufstiegsblockierte Segment der Vereinigungsverlierer tritt in seiner abweichenden Normsetzung deutlich hervor.

Diagramm 19: Reden über Mängel und Mißstände
Ost-West aufgeschlüsselt nach Einkommensgruppen
(Quelle: eigene Untersuchung 1998)

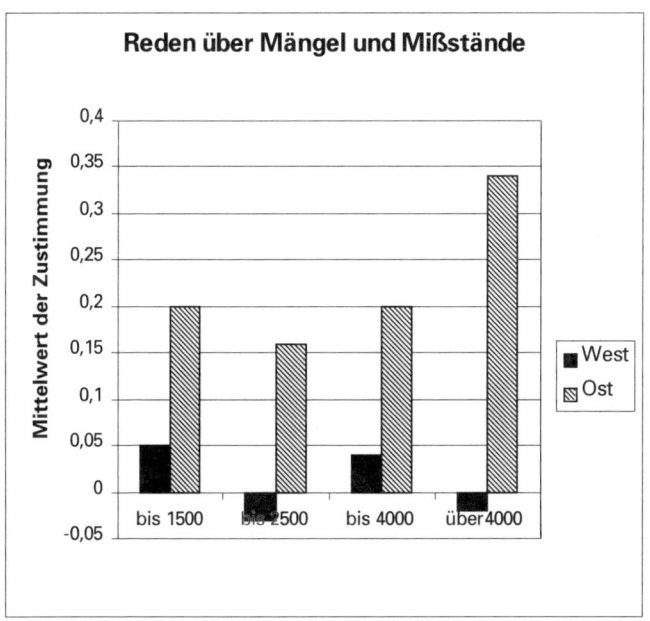

In Westdeutschland ist das vollkommen anders. Dort gibt es kein einheitliches, einen Zusammenhang andeutendes Bild. Die Benachteiligten jammern tatsächlich am meisten, aber die mit bis zu DM 4000 Nettoeinkommen beinahe genauso viel, die mit dem höchsten Einkommen dagegen wieder weniger. Mit Mühe kann man einen leichten Trend in Richtung abnehmendes Jammerbedürfnis bei zunehmendem Einkommen konstruieren. Es gibt auch keinen statistisch signifikanten Zusammenhang zwischen Einkommen und der Beantwortung dieser Frage.

Diagramm 20: Begrüßen durch Hand-Geben
Ost-West aufgeschlüsselt nach Einkommensgruppen
(Quelle: eigene Untersuchung 1998)

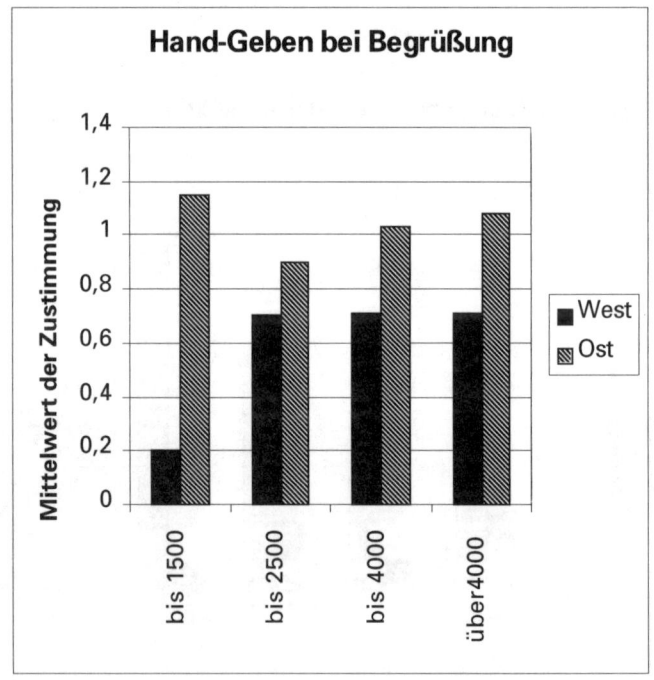

Wenn mein Modell stimmt, dann kann man davon ausgehen, daß die Aufstiegsblockade der ostdeutschen Elite dazu führte, daß ihre trotzige Überbetonung der eigenen Gegenkultur auch zu einer stärkeren Bejahung der »Jammerkultur« führte. Das hat im ostdeutschen sozialen Gefüge darüber hinaus den Vorteil, daß es die soziale Differenz verdeckt und aufkommenden Neid im Kern zu ersticken vermag.

Auch beim Begrüßen durch Handschlag trifft das Gegenteil dessen zu, was man erwartet hätte, nämlich, daß sich die Ostdeutschen mit zunehmendem Einkommen den Westdeutschen anpassen und auf den Handschlag verzichten. Tatsächlich ist es umgekehrt: Je höher das Einkommen, desto mehr wird auf die gewohnte Form der Begrüßung Wert gelegt. Eine Ausnahme ist die Gruppe mit dem niedrigsten Einkommen. In dieser Gruppe ist der Ost-West-Unterschied besonders ausgeprägt, was Resultat einer entgegengesetzten Trotzkultur sein könnte.

Die Tatsache, daß es im Westen beim Händeschütteln praktisch keine Unterschiede bei den drei oberen Einkommensgruppen gibt[18], scheint mir ein Zeichen dafür zu sein, daß es sich um einen Verhaltensbereich handelt, der nicht mehr als wichtiges Ausdrucksmittel für Prestige angesehen wird. In Ostdeutschland scheint es aber nach der Wende an Bedeutung gewonnen zu haben.

Eine noch seltsamere Verkehrung zeigt sich bei der Frage nach der korrekten Geschlechterbezeichnung.

Hier sind die ostdeutschen höchsten Einkommensgruppen isoliert. Sie haben sich die korrekte Geschlechterbezeichnung von allen am deutlichsten auf die Fahnen geschrieben. Hingegen scheinen sich die westdeutschen Eliten inzwischen von der »political correctness« abgewandt zu haben, und die mittleren Einkommensgruppen in Ost und West ziehen nach. Lediglich die Ausgeschlossenen in Ostdeutschland zeigen hier einen auffälligen Verweigerungskurs.

Wenn die Beobachtung von Norbert Elias stimmt, daß sich

Diagramm 21: Korrekte Geschlechterbezeichnung Ost-West aufgeschlüsselt nach Einkommensgruppen[19]
(Quelle: eigene Untersuchung 1998)

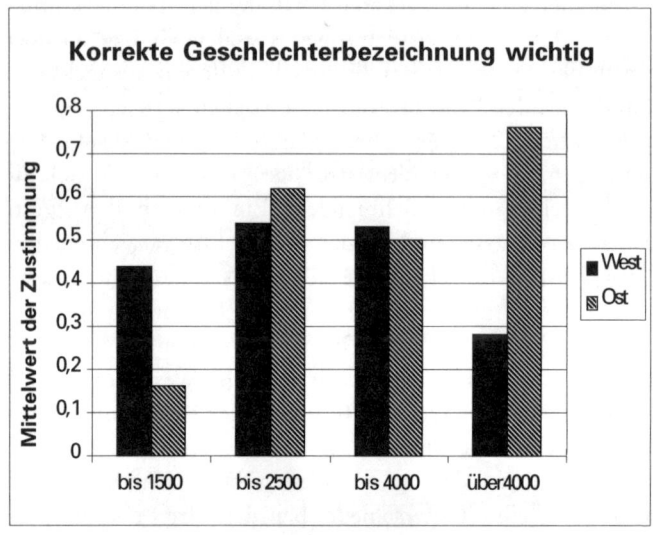

die Verhaltensweisen der Eliten nach und nach über die Bereiche der Gesellschaft ausbreiten, dann ist zu erwarten, daß sich die alltagskulturellen Unterschiede zwischen Ost- und Westdeutschland in den oben genannten Bereichen noch verstärken werden.

Es gibt aber auch Übereinstimmungen zwischen Ost und West, die stärker noch als im vorherigen Kapitel meine Aussagen in der Erstausgabe von *Kulturschock Deutschland* in ein anderes Licht rücken.

Die Sachlichkeit, hatte ich behauptet, sei der auffälligste und ausgeprägteste alltagskulturelle Unterschied. Damals hatte ich angenommen, daß die westdeutschen Eliten die stärkere Akzentuierung der Beziehungsseite von ihren US-amerikanischen Partnern übernommen und an die westdeutsche

Gesellschaft weitergegeben hätten. Demzufolge müßte in Westdeutschland die Sachorientierung mit steigendem Einkommen abnehmen. Unsere Untersuchung 1998 zeigt das Gegenteil:

Diagramm 22: Sachorientierung und Einkommen nach Gruppen Ost West (Quelle: eigene Untersuchung 1998)

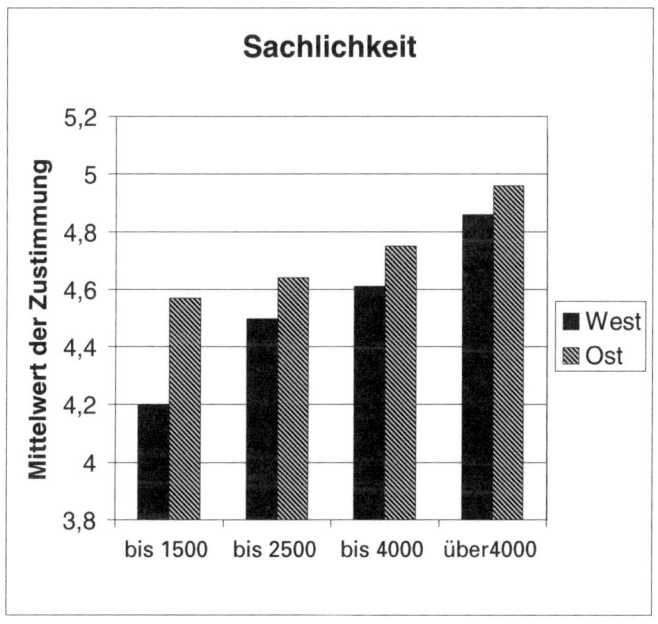

Die sachliche Orientierung ist zwar in den neuen Bundesländern bei allen Einkommensgruppen ausgeprägter als in Westdeutschland, insofern trifft meine Beobachtung von 1995 auch heute noch zu. Aber der kulturelle Trend geht hier wie dort in Richtung Sachlichkeit, wenn man den Anstieg mit dem Einkommen als die Tendenz ansieht, in die sich auch die anderen Gruppen mit der Zeit bewegen werden. Der Unterschied nach den Einkommensgruppen ist mit p = 0,004 statistisch hochsignifikant.

In eine ähnliche, gleichfalls frappierende Richtung weist das Ergebnis bei der Frage nach der Gemeinwohlorientierung. In *Kulturschock Deutschland* hatte ich das Thema sehr moralisch behandelt. Wer sich dafür aussprach, die Einzelinteressen sollten hinter dem Gemeinwohl zurücktreten, stand bei mir sofort im Verdacht, ein etwas rückschrittlicher Antidemokrat zu sein. Ich konstruierte in den demokratischen Einstellungen ein West-Ost-Gefälle. Ein zentraler Indikator für Demokratiefähigkeit sollte dabei die Skepsis gegenüber der Möglichkeit sein, die Wahrheit zu kennen und das Gemeinwohl definieren zu können. Auf der Grundlage einer Berliner repräsentativen Untersuchung, in der die Ostberliner der Gemeinwohlfrage sehr viel stärker zugestimmt hatten als die Westberliner, redete ich in meinen Vorträgen den Ostdeutschen ins Gewissen. Und dann zeigte unsere Untersuchung vom Herbst 1998 das folgende Ergebnis:

Diagramm 23: Die Gemeinwohlorientierung in Ost- und Westdeutschland nach Einkommensgruppen
(Quelle: eigene Untersuchung 1998)

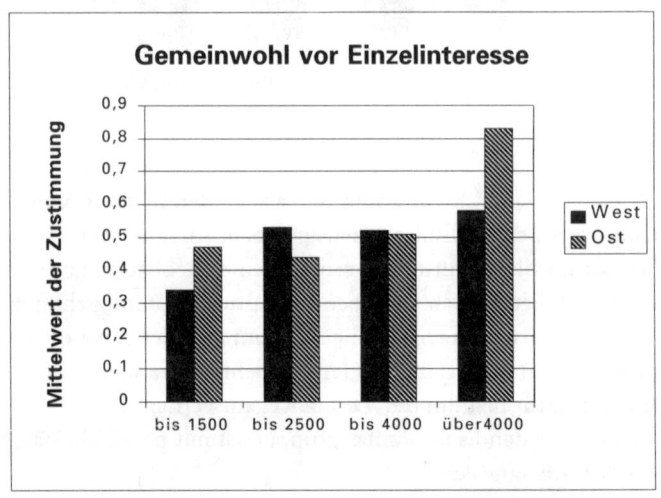

172

Sowohl im Westen wie im Osten nimmt die Gemeinwohlorientierung mit dem Einkommen zu. Allerdings sind die
Unterschiede so gering, daß es keine statistische Signifikanz
gibt. In Ostdeutschland sind die Menschen mit hohem Einkommen und – mutmaßlichen – Führungspositionen besonders stark auf das Gemeinwohl verpflichtet. Aber auch im
Westen liegt bei ihnen der Mittelwert der Zustimmung am
höchsten. Wenn der Mechanismus der Imitation von oben
nach unten stimmt, dann müßte sich die Gemeinwohlorientierung weiter in der Gesellschaft ausbreiten.

Man kann aus dem statistischen Material schließen, daß
der von mir früher behauptete Unterschied zwischen Ost-
und Westdeutschland in der Einstellung zu demokratischen
Grundwerten wie Pluralismus und Toleranz nicht mehr besteht und außerhalb Berlins möglicherweise nie bestanden
hat.

Das wird gestützt durch die Antworten auf die Frage nach
dem Konfliktverhalten. 1995 hatte ich behauptet, daß in
Westdeutschland durch Studentenrevolte und Amerikanisierung das Streben nach Harmonie (zu deutsch: Friede, Freude,
Eierkuchen) von einer Bereitschaft zur Auseinandersetzung
und mehr Konfliktfähigkeit verdrängt worden sei, während
in Ostdeutschland das Harmoniestreben immer noch domi-
niere. Die Behauptung ist von hoher politischer Relevanz.
Denn nach meiner Interpretation hängt die Bereitschaft zu
Vorurteilen und Gewalt gegenüber Minderheiten in einer
Gesellschaft eng damit zusammen, wie schwer das Harmoniegebot in der Gesellschaft wiegt. Können Konflikte auch
im Familien- und Freundeskreis ausgetragen werden, müssen
sich die negativen Gefühle nicht aufstauen und auf Gruppen
richten, die vom Harmoniegebot ausgenommen sind. Mit
meiner Hypothese bot ich im *Kulturschock Deutschland* eine
Erklärung für die erhöhte Ausländerfeindlichkeit und Bereitschaft zu ausländerfeindlicher Gewalt in den neuen Bundesländern an.

Das folgende Diagramm widerlegt meine im *Kulturschock Deutschland* getroffene Annahme.

Diagramm 24: Stellung zum Austragen oder Vermeiden von Konflikten in Ost- und Westdeutschland nach Einkommensgruppen (Quelle: eigene Untersuchung 1998)

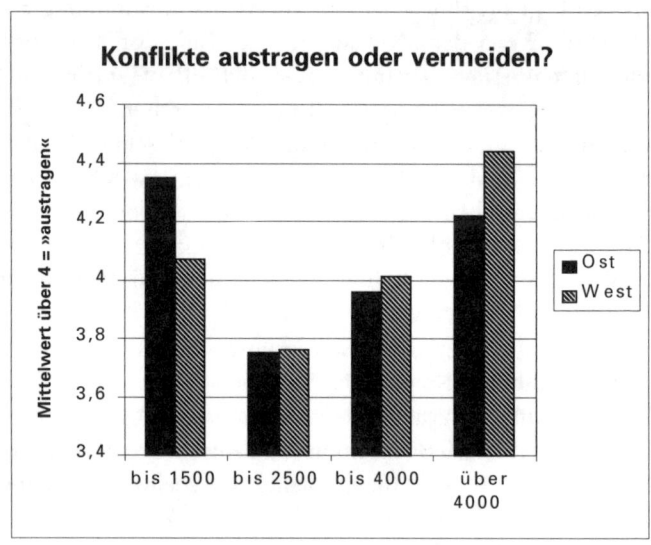

Es gibt keinen markanten, geschweige denn einen statistisch signifikanten Unterschied zwischen Ost- und Westdeutschland, dafür aber einen hochsignifikanten Unterschied bezüglich der unterschiedlichen Einkommensgruppen, allerdings mit einer ungewöhnlich hohen Streuung der Meinungen. Wieder hat die niedrigste Einkommensgruppe eine abweichende Position, im Osten stärker als im Westen. Danach gibt es den charakteristischen Anstieg zu der höchsten Einkommensgruppe. Für das Austragen von Konflikten treten nur die Angehörigen der untersten und der höchsten Einkommensschichten ein. Die dazwischen sind hüben wie drüben eher für das Vermeiden von Konflikten.

Eine angeblich geringere Konfliktfähigkeit und ein damit korrespondierendes stärkeres Harmoniegebot lassen sich in Ostdeutschland nicht belegen. Sie kommen daher auch zur Erklärung der höheren Gewaltbereitschaft und Ausländerfeindlichkeit in den neuen Bundesländern nicht in Betracht.

Von Aufstiegsblockaden und Gegenkulturen

Die nicht sehr ausgeprägte Aufstiegsblockade für die ostdeutschen Eliten führt zu den eben dargestellten alltagskulturellen Entgegensetzungen. Grundsätzlich streben jedoch beide Eliten in jeweils unterschiedlichem Ausmaß in dieselbe Richtung. In diesem Punkt noch heute von einem Kulturschock zu sprechen wäre sicher vermessen. Die Eliten befinden sich in Konkurrenz, aber nicht im Kulturschock.

Anders ist es in den beiden anderen von Aufstiegsblockaden betroffenen Bereichen. Für sie hört die positive Orientierung am Rest der Gesellschaft auf. Statt dessen setzen sie das inzwischen bei ihnen angekommene Wissen, die Moral und die alltagskulturellen Praktiken als einzig geltende Normen gegen die sie ausschließende Welt. Für die Gruppen, die innerhalb ihres Segments über weniger Prestige verfügen als sie, bleiben sie Vorbild, so daß ihre kulturellen Praktiken sich weiter verbreiten.

Bei den ehemaligen und jetzt dauerhaft degradierten sozialistischen Eliten bildet sich eine starke Gegenkultur gegen die Westintegration der neuen Bundesländer. Viele davon sind Mitglieder oder zumindest Wähler der PDS. Nach den Allbus-Daten beziehen die Wähler der PDS und diejenigen, die sich in den neuen Bundesländern als links bezeichnen, ein höheres Einkommen und haben auch höhere Bildungsabschlüsse als diejenigen, die angeben, bei den Republikanern eine Heimat zu finden, oder sich selbst als rechts einstufen.

Die Avantgarde in diesem Segment sind Studierende und junge Aktivisten. Zur kulturellen Elite zählen Leute wie Daniela Dahn oder Klaus Schlesinger. Sie entwickeln eine immer stärkere Opposition zu westdeutschen alltagskulturellen Normen. Hier ist eine Dynamik am Werk, die schon bei der Bundestagswahl 1998 entscheidend war und sich vermutlich noch weiter ausweiten und stabilisieren wird.

Dieses Segment steht in Konkurrenz mit der anderen aufstiegsblockierten Gesellschaftsgruppe, die sich auf den rechten politischen Rand zubewegt. Es sind die Vereinigungsverlierer aller Altersgruppen mit geringer Qualifikation und geringem Einkommen. Hier entwickelt sich in Konkurrenz zur PDS eine militante rechte Gegenkultur zum Westen. Sie erfaßt ganze geographisch zusammenhängende Gebiete. So beschreibt Bernd Wagner in dem Band *Braune Gefahr:* »Jenes rechtsextrem orientierte Lifestylesyndrom ist verstärkt in den unteren und mittleren Schichten anzutreffen und existiert auch in Familien. Väter und Mütter goutieren häufig die ideologischen Haltungen ihrer Kinder, tragen sie selbst und verstärken sie sogar, wenn es gegen die ›Ausländer‹, ›Chaoten‹ u. a. geht. Andere nehmen ihre rechtsextreme Valenz nicht mehr wahr oder reduzieren sie in ihrer Bedeutung mit dem Hinweis, daß es eben allgemein so sei und mit Nazismus nichts zu tun habe. Nur in der Frage der Gewalt gibt es noch eine Alarmierung.«[20]

Die dazugehörige segmentale Avantgarde sind die Jugendlichen, die als Skins, Hammerskins oder in anderen, immer wieder neuen Formen auftreten und noch radikalere Wertungen und Verhaltensweisen in dieses Segment tragen. Bernd Wagner hat diesen Avantgarde-Anspruch bei den ostdeutschen Rechtsextremen genau beschrieben:[21] »Nicht der Griff unmittelbar nach politischer Macht, sondern die Avantgarde im Täglichen zu sein, auf der Arbeitsstelle, in der Familie, im Wohngebiet und in der Freizeiteinrichtung, steht im Mittelpunkt des Denkens und Handelns vieler Neonazis. (...) Aus dem Elitebewußtsein heraus ergibt sich dann die Legitimität der eigenen Aktivitäten, das Sendungsbewußtsein und die Rechtmäßigkeit des Einsatzes von Gewalt gegen ›alles, was dem deutschen Volke‹ schadet.«

Diese Avantgarden erzeugen neue alltagskulturelle Normen und schaffen dadurch eine sich rasant verändernde Welt. In der Zeit zwischen 1994 und 1998 steigerte sich das rechts extreme Einstellungspotential enorm: Waren 1994 im Westen rechtsextreme Grundeinstellungen doppelt so häufig wie im Osten, lagen sie bereits 1998 im Osten anderthalbmal über dem Westen.[22] Dieser Rechtsextremismus kopiert keineswegs den der alten Bundesländer. Richard Stöss berichtet, man habe »gelernt, daß man im Osten kaum an der Wiederherstellung des Deutschen Reichs, an der Frage der Kriegsschuld oder der Diskussion über die ›Auschwitzlüge‹, sondern zu allererst an wirtschaftlichen und sozialen Themen interessiert war. Seit Mitte der neunziger Jahre bemühen sich alle rechtsextremen Kräfte im Osten, ihre nationalistischen und rassistischen Ziele sozio-ökonomisch zu verpacken.«[23]

Die antiwestliche rechtsradikale Gegenkultur dieses aufstiegsblockierten Segments der Vereinigungsverlierer gewinnt einen Kultstatus in der Jugend. Während für den Westen immer noch die Regel der siebziger und achtziger Jahre gilt, wonach die Linken jung und die Rechten alt sind und die Jungen entweder zu den Grünen oder zur SPD neigen, hat sich diese Regel in den neuen Bundesländern umgekehrt. Je jünger, desto größer die Tendenz nach rechts.

Im Juni 1998 veröffentlichte *Die Woche* Untersuchungen des Forsa-Instituts: 17 Prozent der ostdeutschen 14- bis 25jährigen Jugendlichen erwägen, eine rechtsradikale Partei zu wählen.[24] In Sachsen-Anhalt hatten bei der Wahl Ende April 1998 etwa 30 Prozent der Erstwähler die rechtsradikale DVU gewählt. Laut einer Untersuchung an 6000 Auszubildenden und Schülern der Klassen 9 bis 12 an Haupt-, Real- und Gesamtschulen sowie Gymnasien in ganz Berlin neigen mehr Jugendliche der PDS und rechtsradikalen Parteien zu als allen anderen Parteien zusammengenommen. Dabei scheint die PDS an Gymnasien besonders stark zu sein, während die Rechten um so stärker vertreten sind, je geringer das Ausbildungsniveau der Institution ist.

Richard Stöss verallgemeinert dies für das Jahr 1998 so: »Während die rechtsextremistischen Parteien in erster Linie Unzufriedene aus der Unterschicht (Arbeiter und einfache Angestellte mit geringer Bildung und niedrigen Einkommen) mobilisieren, sprechen sich für die PDS primär Unzufriedene aus der Mittel- und Oberschicht aus. Die westdeutschen Verlierer der deutschen Einheit tendieren also – wenn sie keine der etablierten Parteien wählen – besonders zu den Rechtsaußen-Parteien, die ostdeutschen Verlierer der Einheit neigen unter diesen Bedingungen entweder zur extremen Rechten oder zur extremen Linken.«[25] Gleichzeitig berichtet Richard Stöss aber von einer repräsentativen Untersuchung aus der Zeit Mai/Juni 1998 durch das Meinungsforschungsinstitut Forsa, bei der sich eine in der Logik meines Modells sehr beunruhigende Sonderentwicklung für die neuen Bundesländer andeutet: Nicht nur sind es in den neuen Bundesländern vor allem die Jungen, die sich als Anhänger rechtsextremer Parteien bekennen (18–24 Jahre 21%, 25–34 Jahre 12%, 35–44 Jahre 8% und dann immer weniger, während zur gleichen Zeit im Westen die 25–34jährigen mit 11% und die 45–54jährigen mit 10% die Spitze halten). In Ostdeutschland nimmt die Wahlbereitschaft für rechtsextremistische Parteien mit dem Einkommen zu, während sie in Westdeutschland abnimmt (siehe Tabelle).

Gesellschaftliche Avantgarden (Junge und Reiche) geben rechtsextremistischem Gedankengut und Wahlverhalten Legitimität. Sobald Rechtsextremismus nicht mehr von den Verlierern, sondern von prestigeträchtigen Vorbildern verkörpert wird, erhält er eine viel größere gesellschaftliche Virulenz. Diese könnte in Ostdeutschland bevorstehen.

Wahlbereitschaft für rechtsextremistische Parteien nach Einkommen im Mai/Juni 1998 in %
(Wahlberechtigte Bevölkerung. Datenquelle: Forsa[26])

	West	Ost
bis 2500 DM netto	11	7
2501–5499 DM netto	8	9
5500 und mehr netto	6	11

Zugleich ändert der Rechtsextremismus in Ostdeutschland sein Gesicht. Richard Stöss berichtet von einer Tendenzwende in der ostdeutschen Rechten weg vom Revisionismus (Deutschland in den Grenzen von 1939), »runde Tische« zur Überwindung der Konkurrenz zwischen den Rechtsparteien, stärkeres Gewicht auf wirtschafts- und sozialpolitische Fragen mit einer deutlich kapitalismuskritischen Stoßrichtung. Aus der sächsischen NPD zitiert er ein Flugblatt vom Juni 1998, in dem alle Parteien, auch die PDS, als zu kapitalfreundlich und DDR-kritisch eingestuft werden und ein großes Bekenntnis zur DDR formuliert wird: »Wir Mitglieder der NPD in Sachsen stehen zur ganzen deutschen Geschichte und auch zur Geschichte der DDR. Die Mehrheit unserer Mitglieder ist im 8. Jahr des Beitritts der DDR zur BRD der Meinung, daß die DDR das bessere Deutschland war. Wir wollen deshalb die positiven Erfahrungen aus der DDR in die deutsche Politik einbringen. (...) Schluß mit der Diskriminierung der Sachsen durch die Westdeutsche Landesregierung in Dresden!«[27]
Die Forsa-Studie von 1998 beschreibt die rechtsradikalen Jugendlichen so: »Sie seien selbstbewußt, hätten eine positive Einstellung zur Arbeit, seien erfolgsorientiert und neigten demnach dazu, ihre soziale Position mit der anderer zu vergleichen.«[28] Auch der Bielefelder Soziologe Wilhelm Heitmeyer kommt in seinen Studien zum Ergebnis, daß die mei-

sten jugendlichen rechtsradikalen Gewalttäter aus dem aufstiegsorientierten Milieu kommen, sich aber in dieser Bestre-
bung frustriert fühlen.[29] Dabei sind sich die Forscher einig,
daß rechtsradikale Einstellungen keine Spezialität der neuen
Bundesländer sind, daß sie dort aber stärker ausgeprägt und
militanter sind. Dort entsteht eine wachsende, immer selbst-
bewußter werdende trotzige Gegenkultur des Ausländer-
hasses ohne Ausländer, des Antisemitismus ohne Juden. Es
geht dabei nicht um Argumente, sondern um das Gefühl von
Macht und Überlegenheit in einer Situation der subjektiv
empfundenen Ohnmacht und immer wieder erlebten Unterlegenheit.[30]

Diese Entwicklung ist weder der Arbeitslosigkeit noch der
kollektiven Erziehung geschuldet. Sie ist vor allem ein Resultat enttäuschter Aufstiegshoffnungen. Vermutlich würde
sie schnell an Kraft und Umfang verlieren, wenn der erhoffte
Aufstieg für die meisten der betroffenen Jugendlichen wieder
als Möglichkeit gesehen würde. Dann würden sie sich auch
nach und nach wieder an den alltagskulturellen Standards
der anderen gesellschaftlichen Gruppen orientieren, würden
wieder Teil der zivilen Gesellschaft und hörten auf, den östli-
chen rechtsextremen Antipoden zum verabscheuten Westen
zu markieren.

All dies ist aber nicht mehr Teil des Kulturschocks, der
entsteht, wenn zwei sehr unterschiedliche Kulturen aufeinandertreffen. Der geschah in der Zeit unmittelbar nach der
Vereinigung. Überall dort, wo der Aufstieg in das neue System möglich geworden ist, sind die Differenzen trotz großer
Schwierigkeiten überwunden. Dort aber, wo der Aufstieg
nicht möglich war und immer noch nicht möglich ist, entwik-
keln sich zunehmend radikale linke und rechte Gegenkulturen. Hier liegt eine ernsthafte Gefahr für die Entwicklung der Demokratie in Deutschland.

Anmerkungen

Einleitung

1 Vgl. Hendrik Berth, Ulrich Esser, Die deutsche Wiedervereinigung. Auswahlbibliographie sozialwissenschaftlicher Literatur. Forschungsbericht Nr. 15 des Instituts für Pädagogische Psychologie und Entwicklungspsychologie der TU Dresden, 1997.
2 Vgl. emnid 1998.

1. Kapitel: Die Wendeerfahrung als Kulturschock

1 Vgl. Kalvero Oberg, Cultural shock: adjustment to new cultural environments, in: Practical Anthropology, 1960, Bd. 7, S. 177–182.
2 Vgl. Paul Pedersen, The Five Stages of Culture Shock – Critical Incidents Around the World, Westport, Connecticut/London, 1995.
3 Robert Darton, Der letzte Tanz auf der Mauer – Berliner Journal 1989–1990, München/Wien 1991, S. 16.
4 Vgl. Pedersen, The Five Stages ..., S. 132.
5 Vgl. Vera Nünning, Wahrnehmung und Wirklichkeit – Perspektiven einer konstruktivistischen Geistesgeschichte, in: Konstruktivismus: Geschichte und Anwendung, hrsg. von Gebhard Rusch und Siegfried J. Schmidt, Delfin 1992, S. 91–118.
6 Vgl. K. R. Scherer, Judging personality from voice – A cross-cultural approach to an old issue in interpersonal perception, in: Journal of Personality, 40, 1972, S. 191–210.
7 Vgl. Michael Schmitz, Wendestreß – Die psychosozialen Kosten der deutschen Einheit, Berlin 1995; Mathias Wedel, Einheitsfrust, Berlin 1994; Klaus Bittermann, Geisterfahrer der Einheit – Kommentare zur Wiedervereinigungskrise, Berlin 1995; ders. (Hrsg.), Der rasende Mob – Die Ossis zwischen Selbstmitleid

und Barbarei. Mit Beiträgen von Henryk M. Broder, Wiglaf Droste, Roger Willemsen u. a., 2. Auflage, Berlin 1993.

8 Eva Mahn, Aufbruch in die Freiheit – Ein Dokument der Veränderung, Halle 1994, S. 68 und 52.

9 Vgl. Gesellschaft zum Schutz von Bürgerrecht und Menschenwürde GBM, Unfrieden in Deutschland – Weißbuch – Diskriminierung in den neuen Bundesländern, o. O. 1992; dies., Unfrieden in Deutschland – Weißbuch 3 – Bildungswesen und Pädagogik im Beitrittsgebiet, Berlin 1994.

10 Vgl. Ulrich Becker, Horst Becker, Walter Ruhland, Zwischen Angst und Aufbruch – Das Lebensgefühl der Deutschen in Ost und West nach der Wiedervereinigung, Düsseldorf/Wien/New York/Moskau 1992, S. 67ff.

11 Hans-Joachim Maaz, Michael Lukas Moeller, Die Einheit beginnt zu zweit – Ein deutsch-deutsches Zwiegespräch, Berlin 1991, S. 26.

12 Die in diesem Beitrag benutzten Daten entstammen der kumulierten »Allgemeinen Bevölkerungsumfrage der Sozialwissenschaften« (ALLBUS) aus dem Jahr 1998. Das seit 1980 laufende ALLBUS-Programm wurde 1998 von Bund und Ländern über die GESIS (Gesellschaft sozialwissenschaftlicher Infrastruktureinrichtungen) finanziert. Es wird von ZUMA (Zentrum für Umfragen, Methoden und Analysen e. V., Mannheim) und dem Zentralarchiv für Empirische Sozialforschung (Köln) in Zusammenarbeit mit dem ALLBUS-Ausschuß realisiert. Die Daten sind beim Zentralarchiv für Empirische Sozialforschung (Köln) erhältlich. Die vorgenannten Institutionen und Personen tragen keine Verantwortung für die Verwendung der Daten in diesem Beitrag.

13 Studiensituation und Studierende in den 90er Jahren – Datenalmanach – Studierendensurvey 1993–1998, Arbeitsgruppe Hochschulforschung, Sozialwissenschaftliche Fakultät, Universität Konstanz. Gefördert vom Bundesministerium für Bildung und Forschung, Bonn, November 1998.

14 Vgl. Daniela Dahn, Vertreibung ins Paradies: unzeitgemässe Texte zur Zeit, Reinbek 1998.

15 Vgl. Klaus Schlesinger, Von der Schwierigkeit, Westler zu werden, Berlin 1998.

16 Kai Brauer: Einmal Ossi – immer Ossi?, Freitag vom 11.12.1998.

17 Vgl. Marc Howard, Die Ethnisierung der Ostdeutschen, Freitag vom 16.10.1998.

18 Uwe Thaysen, Der Runde Tisch. Oder: Wo blieb das Volk? – Der Weg der DDR in die Demokratie, Opladen 1990, S. 193.

19 Bei dieser Darstellung stütze ich mich auf: Andreas Kraus, Grundzüge der Geschichte Bayerns, Darmstadt 1984, und Claus Peter Hartmann, Bayerns Weg in die Gegenwart – Vom Stammesherzogtum zum Freistaat heute, Regensburg 1989.

20 Hartmann, S. 220.

21 Diese Tabelle ist eine Kombination der Ergebnisse von Y. Amir, Contact hypothesis in ethnic relations, in: Psychologisches Bulletin, Jg. 71, 1969, S. 319–342, und Alexander Thomas, Abbau von Vorurteilen durch internationale Jugendbegegnungen – von der Kontakthypothese zur Theorie der Intergruppenbeziehung, in: Jahrbuch für Jugendreisen und internationalen Jugendaustausch 1991, hrsg. vom Studienkreis für Tourismus e. V., Starnberg 1991, S. 9–14.

22 Vgl. Thüringer Landeszeitung Gotha vom 2.10.1998.

23 Es fielen weg: 30% Einkommensteuererlaß, Berlin-Zulage, Orts-Einstufung.

24 Vgl. Allbus-Auswertung 1998.

25 Paul Pedersen, The Five Stages of Culture Shock, a.a.O., S. 7.

26 Ebda.

27 Vgl. Adrian Furnham/Stephen Bochner, Culture Shock – Psychological Reactions to Unfamiliar Environments, London/ New York 1986, S. 14.

28 Sitaram, K. S./Haapanen, L. W., The roles of values in intercultural communication, in: Handbook of Intercultural Communication, hrsg. von M. Asante u. a., Beverly Hills/London 1979, S. 159.

29 Günter J. Friesenhahn, (Wieder-)Belebung der internationalen Dimension Sozialer Arbeit, in: Jugendhilfe 33 (1995) 4, S. 199.

2. Kapitel: Die materiellen Ursachen

1 Vgl. Daniela Dahn, Westwärts und nicht vergessen – Vom Unbehagen in der Einheit, Berlin 1996.

2 Vgl. Thomas Gensicke, Deutschland am Ausgang der neunziger

Jahre – Lebensgefühl und Werte, in: Deutschland-Archiv – Zeitschrift für das vereinte Deutschland, 31. Jahrgang, Heft 1, Januar/Februar 1998, S. 19–36.

3 Vgl. Rolf Reißig, Für eine neue Wende im Osten!, in: TAZ 2./3./ 4.10.1998.

4 Wolfgang Engler, Die Ostdeutschen – Kunde von einem verlorenen Land, Berlin 1999, S. 211ff.

5 Ebda.

6 Paul Lafargue, Das Recht auf Faulheit – Widerlegung des ›Rechtes auf Arbeit‹ von 1848, Stuttgart 1974, S. 10f.

7 Karl Marx, Kritik des Gothaer Programms – Randglossen zum Programm der deutschen Arbeiterpartei, in: Revolutionäre deutsche Parteiprogramme, Berlin 1967, S. 59.

8 Vgl. Frank Bönker, Helmut Wiesenthal, Hellmut Wollmann, Einleitung, in: Leviathan – Zeitschrift für Sozialwissenschaft, Sonderheft 15: Transformation sozialistischer Gesellschaften, Am Anfang des Endes, Hrsg. dieselben, Opladen 1995, S. 11–29.

9 Institut der deutschen Wirtschaft, aktiv, Arbeitsgemeinschaft Markt und Sozialanalyse, Köln 1990.

10 Vgl. Hellmuth Lange, Eva Senghaas-Knobloch, Wissenschaftlich-technische Fachkräfte im doppelten Transformationsprozeß. Deutsch-deutsche Verständigungsperspektiven, in: Leviathan Sonderheft 15, Transformation sozialistischer Gesellschaften, Am Ende des Anfangs, Hellmut Wollmann, Helmut Wiesenthal, Frank Bönker (Hrsg.), Opladen 1995, S. 299–320.

11 Vgl. Katrin Küster, Die EU-Agrarpolitik und der Strukturwandel in den neuen Bundesländern, in: Prokla 112 – Zeitschrift für kritische Sozialwissenschaft, 28. Jahrgang, Nr. 3, 1998, S. 443–458.

12 Vgl. Franzeska Weil, Zwischen Anpassung und Verweigerung – zur Entwicklung sozialer Verhaltensmuster am Beispiel zweier sächsischer Betriebe zwischen 1970 und 1997, in: Deutschland-Archiv – Zeitschrift für das vereinte Deutschland, 31. Jahrgang, Heft 4, Juli/August 1998, S. 547–564.

13 Volker Braun, Die vier Werkzeugmacher, Frankfurt/Main 1996, S. 11.

14 Vgl. Franzeska Weil, S. 560.

15 Ebda.

16 Ebda.

17 Vgl. Dirk Neumann, Die Einführung des Arbeitsrechts in Ost-deutschland. Eine Wortmeldung zum Beitrag ›Zur Akzeptanz des Arbeits- und Sozialrechts in Ostdeutschland‹, in: Berliner Journal für Soziologie, Heft 4, 1997, S. 497–498.

18 Vgl. Reißig 1998.

19 Vgl. Neumann 1997.

20 Ebda.

21 Vgl. Karen Tweer, Die Industrie der Neuen Bundesländer zwi-schen 1988 und 1993 – Eine logistische Untersuchung, Diplom-arbeit 1996 am Institut für Betriebswirtschaftslehre der Indu-strie an der Wirtschaftsuniversität Wien.

22 Vgl. Jörn Ewaldt, Thomas Harring, Bernd Matthes, Rainer Schwarz, Zwischenbilanz der Wirtschaftsentwicklung in Ost-deutschland, in: Deutschland-Archiv – Zeitschrift für das Verei-nigte Deutschland, 31. Jg., Heft 3, Mai/Juni 1998, S. 371–383.

23 Stefan Hormuth, Auswirkungen des Transformationsprozesses in Ostdeutschland auf individuelle Entwicklung, Bildung und Berufsverläufe, Abstract (1997), Zusammenfassung der Ab-stracts der KSPW, in: Berliner Journal für Soziologie, Heft 4, 1997, S. 609f.

24 Ebda.

25 Süddeutsche Zeitung vom 23.10.1998.

26 Vgl. Hormuth.

27 FAZ vom 16.4.1998.

28 FAZ vom 8.3.1999.

29 Vgl. Küster.

30 Vgl. Ewaldt u. a. 1998.

31 Vgl. Karussell, Zeitschrift des DGB in Thüringen, Nr. 9, März/ April 1998.

32 Vgl. emnid 1998.

33 Vgl. Jürgen Maes, Manfred Schmitt, Ulrich Seiler, Befunde zur Unterscheidung von immanenter und ultimativer Gerechtigkeit. 3. Ergebnisse aus dem Forschungsprojekt Gerechtigkeit als in-nerdeutsches Problem (GiP). (Berichte aus der Arbeitsgruppe Verantwortung, Gerechtigkeit, Moral, Bd. 113, 1998).

34 Signifikanz (p<0.001).

35 Vgl. Weil.

36 Vgl. Richard Stöss, Stabilität im Umbruch – Wahlbeständigkeit und Parteienwettbewerb im ›Superwahljahr‹ 1994, Opladen,

Wiesbaden 1997, und ders., Rechtsextremismus im vereinigten Deutschland, Friedrich Ebert Stiftung (Hg.), Bonn 1999.

37 Vgl. Wilhelm Heitmeyer, Das Desintegrations-Theorem – Ein Erklärungsansatz zu fremdenfeindlich motivierter, rechtsextremistischer Gewalt und zur Lähmung gesellschaftlicher Institutionen, in: Das Gewalt-Dilemma – Gesellschaftliche Reaktionen auf fremdenfeindliche Gewalt und Rechtsextremismus, Frankfurt/Main 1994, S. 36.

38 Daten vom Bundesamt für Statistik und Verfassungsschutzberichte.

3. Kapitel: Die kulturellen Ursachen – Das Modell

1 Vgl. emnid 1998.

2 Vgl. Norbert Elias, Über den Prozeß der Zivilisation – Soziogenetische und psychogenetische Untersuchungen, Zwei Bände, 7. Aufl. Frankfurt/Main 1980.

3 Vgl. Martin Greiffenhagen, Das Glück: Realitäten eines Traums, München 1988.

4 Vgl. Mihaly Csikszentmihalyi, Flow: Das Geheimnis des Glücks, Stuttgart 1992.

5 Vgl. Hermann Schmitz, Der unerschöpfliche Gegenstand – Grundzüge der Philosophie, Bonn, Bouvier, 2. Aufl. 1995, S. 115.

6 Vgl. Barbara Duden, Geschichte unter der Haut: ein Eisenacher Arzt und seine Patientinnen um 1730, Stuttgart 1991.

7 Aike Hessel, Michael Geyer, Julia Würz, Elmar Brähler, Psychische Befindlichkeiten in Ost- und Westdeutschland im siebten Jahr nach der Wende, in: Aus Politik und Zeitgeschichte – Beilage zur Wochenzeitung *Das Parlament*, B 13/1997, S. 23.

8 Vgl. ausführlicher Wolf Wagner, Gesellschaftlicher Wandel und Körperideal, in: Gewinne und Verluste sozialen Wandels – Globalisierung und deutsche Wiedervereinigung aus psychosozialer Sicht, Hrsg. Aike Hessel, Michael Geyer, Elmar Brähler, Opladen, Wiesbaden 1999, S. 101–123.

9 Vgl. Pierre Bourdieu, Die feinen Unterschiede – Kritik der gesellschaftlichen Urteilskraft, Frankfurt/Main 1987.

10 Vgl. Ronald Inglehart, Kultureller Umbruch: Wertwandel in der westlichen Welt, Frankfurt/Main u.a 1989.

11 Vgl. das Buch von Pierre Bourdieu, Die feinen Unterschiede, a.a.O.
12 Vgl. Bertolt Brecht, Flüchtlingsgespräche.
13 Vgl. Antje Quast, Das Neue und die Revolte – Schlüsselbegriffe der Avantgarde bei Guillaume Apollinaire und Carl Einstein, Bonn 1994.
14 Vgl. Ludwik Fleck, Entstehung und Entwicklung einer wissenschaftlichen Tatsache – Einführung in die Lehre vom Denkstil und Denkkollektiv, Frankfurt/Main 1980.
15 Vgl. Santina Battaglia, Otto Kruse, ›Legt euch in den Kühlschrank, dann wißt ihr, wie das hier ist‹ – Erfahrungen ausländischer Studierender in Thüringen – Eine Fragebogen- und Interviewstudie, hrsg. vom Ausländerbeauftragten der Thüringer Landesregierung, Erfurt 1999.
16 Silvia Bovenschen, Über die Listen der Mode, in: dies. (Hg.), Die Listen der Mode, Frankfurt/Main 1986, S. 10.
17 Vgl. Kapitel 1 im »Prozeß der Zivilisation«.
18 Vgl. Annette Simon, Versuch, mir und anderen die ostdeutsche Moral zu erklären, Gießen 1995.
19 Freya Klier, Lüg Vaterland: Erziehung in der DDR, München 1990.

4. Kapitel: Die kulturellen Ursachen vor der Wende

1 Vgl. Winfried Gebhardt, Georg Kamphausen, Zwei Dörfer in Deutschland – Mentalitätsunterschiede nach der Wiedervereinigung, Opladen 1994; und Carsten Zelle, Soziale und liberale Wertorientierungen: Versuch einer situativen Erklärung der Unterschiede zwischen Ost- und Westdeutschen, in: Aus Politik und Zeitgeschichte – Beilage zur Wochenzeitung Das Parlament, B. 41–42, 1998, S. 24–36.
2 Vgl. zum Beispiel Pierre Bourdieu (1987), Die feinen Unterschiede – Kritik der gesellschaftlichen Urteilskraft, Frankfurt/Main 1987; und Norbert Elias, Über den Prozeß der Zivilisation – Soziogenetische und psychogenetische Untersuchungen, Zwei Bände, 7. Aufl. Frankfurt/Main 1980, und die Werte der Sozialgeschichte.
3 Gensicke, S. 22.

4 Gensicke S. 28.

5 Es wurden nach Zufallsprinzip Wahlbezirke aus Ost- und West-deutschland gezogen und in diesen wiederum nach Zufalls-prinzip 1017 Personen in Westdeutschland und 1021 Personen in Ostdeutschland (neue Bundesländer) ausgewählt und befragt. Unsere Fragen waren Teil eines überwiegend medizin-psycho-logischen Fragebogens.

6 So zum Beispiel: Liselotte Ahnert, S. Krätzig, Tatjana Meisch-ner, Alfred Schmidt, Sozialisationskonzepte für Kleinkinder: Wirkungen tradierter Erziehungsvorstellungen und staatssozia-listischer Erziehungsdoktrinen im intra- und interkulturellen Ost-West-Vergleich. In: Gisela Trommsdorff (Hg.), Psychologi-sche Aspekte des sozio-politischen Wandels in Ostdeutschland, Berlin 1994, S. 94–112; Dorothea Döhler, Moralerziehung im in-stitutionellen Kontext. Eine deutsch-deutsche Studie an Vor-schulkindern. Frankfurt/Main 1995; oder: Sonja Häder, Heinz Elmar Tenorth (Hrsg.), Bildungsgeschichten einer Diktatur. Bil-dung und Erziehung in SBZ und DDR im historisch-gesell-schaftlichen Kontext, Weinheim 1997.

7 Vgl. Ostdeutscher Kulturtag am 24. Mai 1997 und in der dazu-gehörigen Broschüre: Dietrich Mühlberg, ›Ostkultur‹ – menta-ler Ballast oder Ressource? – Überlegungen zum ›Ostdeutschen Kulturtag‹ am 24. Mai 1997, in: Broschüre 1997.

8 Vgl. Jan Faktor, Intellektuelle Opposition und alternative Kul-tur in der DDR, in: Aus Politik und Zeitgeschichte – Beilage zur Wochenzeitung *Das Parlament*, B 10/94, 1994, S. 30–37.

9 Vgl. Jörg Roesler, Zur Rolle der Arbeitsbrigaden in den VEB, in: Deutschland-Archiv – Zeitschrift für das vereinte Deutschland, 30. Jahrgang, Heft 5, September/Oktober 1997, S. 736–750.

10 Der utopische Sozialismus ist mit dem moralischen gleichge-setzt. Marx versuchte ihm eine wissenschaftliche Geschichtsauf-fassung in dem Sinne entgegenzusetzen, daß er die Bewegungs-gesetze der Geschichte aufdecken wollte, die auch ohne morali-sche Appelle an die Handelnden sich durchsetzen müßten.

11 Evelyn Brucker, Gesellschaft ohne Eliten? – Neues Buch auf den Spuren der DDR, in: Thüringer Landeszeitung vom 15.11.1997.

12 Vgl. Gewalt: Schattenseiten der Individualisierung bei Jugendli-chen aus unterschiedlichen Milieus, Hrsg. Wilhelm Heitmeyer (u.a.) 2. Aufl. Weinheim [u.a.] 1996.

13 Sie werden gerade einer Sekundärauswertung unterzogen, deren Ergebnisse vermutlich bald erscheinen werden.

14 Vgl. Presseerklärung Juli 1999, wird veröffentlicht in Psychosozial.

15 Vgl. Richard Stöss, Stabilität im Umbruch: Wahlbeständigkeit und Parteienwettbewerb im »Superwahljahr« 1994, Opladen 1997.

16 Elmar Brähler, Horst-Eberhard Richter, Deutsche Befindlichkeiten im Ost-West-Vergleich.

17 Elisabeth Noelle-Neumann vom Institut für Demoskopie, Allensbach (FAZ vom 13.1.1999).

18 Vgl. Kongreßbericht.

19 Vgl. Lothar Probst, Gesellschaft versus Gemeinschaft? – Zur Tradition des dichotomischen Denkens in Deutschland, in: Aus Politik und Zeitgeschichte – Beilage zur Wochenzeitung *Das Parlament*, Heft 36, 1996, S. 29–35.

20 Vgl. Jean Piaget, Das moralische Urteil beim Kinde, Frankfurt/ Main 1973.

21 Vgl. Annette Simon, Versuch, mir und anderen die ostdeutsche Moral zu erklären, Gießen 1995.

5. Kapitel: Die kulturellen Ursachen nach der Wende

1 Sie sind nach dem Vorbild gestaltet von Le Vine und Campbell, Ethnocentrism: Theories of Conflict, Ethnic Attitudes and Group Behaviour, New York 1972, S. 172.

2 Henning Schauenburg, Selbstbild, Wertehaltungen und psychische Befindlichkeit von Studierenden in Ost- und Westdeutschland nach der Wende, in: Entsolidarisierung – Die Westdeutschen am Vorabend der Wende und danach, hrsg. von Elmar Brähler und Hans-Jürgen Wirth, Opladen 1995, S. 181.

3 Vgl. Caroline Schöbel, Sozialisation in unterschiedlichen Systemen. Zum Profil der Persönlichkeitstypen in West- und Ost-Berlin, in: Zwischen Wende und Wiedervereinigung – Analysen zur politischen Kultur in West- und Ost-Berlin 1990, hrsg. von Hans-Dieter Klingemann, Lutz Erbring und Nils Diedrich, Opladen 1995, S. 22.

6. Kapitel: Die kulturellen Unterschiede

1 Vgl. Wolf Wagner, Armut, eine Positionsbestimmung, in: Armutsforschung und Sozialberichterstattung in den neuen Bundesländern, Ronald Lutz, Matthias Zeng (Hrsg.), Opladen 1998, S. 30–47.

2 Vgl. Edith Dabbert, Sozialstruktur und Einkommensverteilung der privaten Haushalte in den neuen Ländern und Berlin-Ost, in: Zur wirtschaftlichen und sozialen Lage in den neuen Bundesländern, Vierteljahreszeitschrift, Dez. 1994, hrsg. vom Statistischen Bundesamt, S. 54 und 57.

3 Wolfgang Wipperman, Totalitarismustheorien – Die Entwicklung der Diskussion von den Anfängen bis heute, Wissenschaftliche Buchgesellschaft, Darmstadt 1997, S. 1f.

4 Vgl. Detlev Pollack, Gert Pickel, Die ostdeutsche Identität – Erbe des DDR-Sozialismus oder Produkt der Wiedervereinigung? in: Aus Politik und Zeigeschichte – Beilage zur Wochenzeitung *Das Parlament*, Heft 41–42, 1998, S. 9–23.

5 Vgl. Richard Stöss, Stabilität im Umbruch – Wahlbeständigkeit und Parteienwettbewerb im ›Superwahljahr‹ 1994, Opladen, Wiesbaden 1997.

6 Vgl. Detlev Pollack, Das Bedürfnis nach sozialer Anerkennung – Der Wandel der Akzeptanz von Demokratie und Marktwirtschaft in Ostdeutschland, in: Aus Politik und Zeitgeschichte – Beilage zur Wochenzeitung *Das Parlament*, Heft 13, 1997, S. 3–14.

7 Vgl. Dietrich Mühlberg, Nachrichten über die kulturelle Verfassung der Ostdeutschen; unveröffentlichtes Manuskript. Erscheint demnächst in *Initial*.

8 Vgl. Bernd Wagner, Rechtsextreme Milieus im Osten, in: Braune Gefahr – DVU, NPD, REP – Geschichte und Zukunft, Jens Mecklenburg (Hrsg.), Berlin 1999, S. 238ff.

9 Da die einzelnen Kategorien aggregierte Einzelfälle sind, die in keinem zeitlichen oder sonstigen Zusammenhang mit den anderen Fällen stehen, hätte das Diagramm methodisch sauber als Balkendiagramm dargestellt werden müssen. Darunter hätte aber die Übersichtlichkeit gelitten. Deshalb habe ich das methodische Mißverständnis in Kauf genommen und bitte bei allen Puristen um Verzeihung.

10 Aufstieg für alle?, Hrsg. Stefan Hadril, Eckart Pankoke, Beiträge zu den Berichten zum sozialen und politischen Wandel in
Ostdeutschland – Ungleichheit und Sozialpolitik, Opladen
1997.

11 Heike Solga, Der Verbleib der Angehörigen der oberen Dienstklasse der DDR nach 1989: Heißt ihr Schicksal nach der Wende
beruflicher Abstieg?, in: Aufstieg für alle?, Hrsg. Stefan Hadril,
Eckart Pankoke, Beiträge zu den Berichten zum sozialen und
politischen Wandel in Ostdeutschland – Ungleichheit und Sozialpolitik, Opladen 1997, S. 362.

12 Freies Wort 19.7.1999.

13 Vgl. Gasala Mathwig, Roland Habich, Berufs- und Einkommensverläufe in Deutschland nach der Vereinigung, in: Aufstieg
für alle?, Hrsg. Stefan Hadril, Eckart Pankoke, Beiträge zu
den Berichten zum sozialen und politischen Wandel in Ostdeutschland – Ungleichheit und Sozialpolitik, Opladen 1997,
S. 11–101.

14 Frank Adler, Früher sozialistischer Leiter oder politischer
Funktionär, heute...? Zur vertikalen Mobilität der DDR-
Dienstklasse im Transformationsprozeß, in: Aufstieg für alle?,
Hrsg. Stefan Hadril, Eckart Pankoke, Beiträge zu den Berichten
zum sozialen und politischen Wandel in Ostdeutschland – Ungleichheit und Sozialpolitik, Opladen 1997, S. 414.

15 Vgl. Regina Berger-Schmitt, Mobilität sozialer Lagen in den
neuen Bundesländern seit 1990, in: Aufstieg für alle?, Hrsg. Stefan Hadril, Eckart Pankoke, Beiträge zu den Berichten zum sozialen und politischen Wandel in Ostdeutschland – Ungleichheit und Sozialpolitik, Opladen 1997, S. 192.

16 Ebda. S. 199.

17 Hier danke ich Prof. Dr. Dr. Rolf Ludwig vom Institut für Soziologie von der Universität Leipzig für die Aufbereitung der
Daten. Für ihre Interpretation habe jedoch alleine ich die Verantwortung.

18 Deshalb gibt es auch keinen statistisch signifikanten Zusammenhang zwischen dem Einkommen und der Beantwortung
dieser Frage.

19 Es gibt keinen statistisch signifikanten Zusammenhang zwischen dem Einkommen und der Beantwortung dieser Frage.

20 Vgl. Bernd Wagner, Rechtsextreme Milieus im Osten, in: Braune

Gefahr – DVU, NPD, REP – Geschichte und Zukunft, Jens Mecklenburger (Hrsg.), Berlin 1999, S. 265.

21 Ebda., S. 257.

22 Vgl. Richard Stöss, Rechtsextremismus und Wahlen 1998, in: Braune Gefahr – DVU, NPD, REP – Geschichte und Zukunft, Jens Mecklenburger (Hrsg.), Berlin 1999, S. 150.

23 Ebda., S. 151.

24 Die Woche vom 12. Juni 1998.

25 Richard Stöss, Rechtsextremismus im vereinten Deutschland, Friedrich Ebert Stiftung (Hg.), Bonn 1999, S. 127.

26 Vgl. ebda., S. 125.

27 Ebda., S. 111.

28 FAZ vom 12. Juni 1998.

29 Vgl. Wilhelm Heitmeyer, Birgit Collmann, Jutta Conrads (u.a.) (Hrsg.), Gewalt. Schattenseiten der Individualisierung bei Jugendlichen aus unterschiedlichen sozialen Milieus, 2. Aufl. Weinheim [u.a.] 1996.

30 Vgl. Hans-Georg Golz, Ersatzkarrieren, in: Deutschland-Archiv, Juli/August, 31. Jg. 1998, S. 521–525.

Ausgewählte Literatur

Adler, Frank: Früher sozialistischer Leiter oder politischer Funktionär, heute ...? Zur vertikalen Mobilität der DDR-Dienstklasse im Transformationsprozeß, in: Hadril, Stefan/Pankoke, Eckart (Hrsg.): Aufstieg für alle? Beiträge zu den Berichten zum sozialen und politischen Wandel in Ostdeutschland – Ungleichheit und Sozialpolitik, Opladen 1997, S. 414f.

Bauerkämper, Arnd/Danyel, Jürgen/Hübner, Peter/Ross, Sabine (Hrsg.): Gesellschaft ohne Eliten? – Führungsgruppen in der DDR, Metropol, 1997.

Berger-Schmidt, Regina: Mobilität sozialer Lagen in den neuen Bundesländern seit 1990, in: Hadril, Stefan/Pankoke, Eckart (Hrsg.): Aufstieg für alle? Beiträge zu den Berichten zum sozialen und politischen Wandel in Ostdeutschland – Ungleichheit und Sozialpolitik, Opladen 1997, S. 192f.

Berth, Hendrik/Wagner, Wolf/Braehler, Elmar: Empirische Untersuchung zum Kulturschock Deutschland 1999 (unveröffentlichtes Manuskript – erscheint demnächst).

ders./Decker, Oliver/Wagner, Wolf/Brähler, Elmar: »Und Propaganda wirkt doch! ...? – Eine empirische Überprüfung von Annahmen über die Entstehung von Einstellungsunterschieden zwischen Ost- und Westdeutschland.« (unveröffentlichtes Manuskript – erscheint demnächst)

ders./Esser, U. (1997): Die deutsche Wiedervereinigung. Auswahlbibliographie sozialwissenschaftlicher Literatur. Forschungsbericht Nr. 15 des Instituts für Pädagogische Psychologie und Entwicklungspsychologie der TU Dresden.

ders.: Die Angst vor der Wiedervereinigung. Inhaltsanalytische Überlegungen. in: A. Hessel, M. Geyer & E. Brähler (Hrsg.): Gewinne und Verluste sozialen Wandels, S. 103–118. Opladen: Westdeutscher Verlag.

Bourdieu, Pierre: Die feinen Unterschiede – Kritik der gesellschaftlichen Urteilskraft, Frankfurt/M. 1987.

Brähler, Elmar: Körpererleben – ein vernachlässigter Aspekt der Medizin, in: ders. (Hrsg.), Körpererleben: ein subjektiver Ausdruck von Körper und Seele – Beiträge zur psychosomatischen Medizin, Gießen, 2. Aufl. 1995, S. 3–18.

Csikszentmihalyi, Mihaly: Flow: Das Geheimnis des Glücks, Stuttgart 1992.

Elias, Norbert: Über den Prozeß der Zivilisation – Soziogenetische und psychogenetische Untersuchungen, Zwei Bände, 7. Aufl. Frankfurt/M. 1980.

Ewaldt, Jörn / Harring, Thomas / Matthes, Bernd / Schwarz, Rainer: Zwischenbilanz der Wirtschaftsentwicklung in Ostdeutschland, in: Deutschland-Archiv – Zeitschrift für das Vereinigte Deutschland, 31. Jg., Heft 3, Mai/Juni 1998, S. 371–383.

Faktor, Jan: Intellektuelle Opposition und alternative Kultur in der DDR, in: Aus Politik und Zeitgeschichte – Beilage zur Wochenzeitung Das Parlament, B 10/94, 1994, S. 30–37.

Gensicke, Thomas: Deutschland am Ausgang der neunziger Jahre – Lebensgefühl und Werte, in: Deutschland-Archiv – Zeitschrift für das vereinte Deutschland; 31. Jg., Heft 1, Januar/Februar 1998, S. 19–36.

Hadril, Stefan / Pankoke, Eckart (Hrsg.): Aufstieg für alle? Beiträge zu den Berichten zum sozialen und politischen Wandel in Ostdeutschland – Ungleichheit und Sozialpolitik, Opladen 1997.

Heitmeyer, Wilhelm / Collmann, Birgit / Conrads, Jutta (u.a.) (Hrsg.): Gewalt. Schattenseiten der Individualisierung bei Jugendlichen aus unterschiedlichen sozialen Milieus, 2. Aufl. Weinheim [u.a.] 1996.

Hessel, Aike / Geyer, Michael / Würz, Julia / Brähler, Elmar: Psychische Befindlichkeiten in Ost- und Westdeutschland im siebten Jahr nach der Wende, in: Aus Politik und Zeitgeschichte – Beilage zur Wochenzeitung Das Parlament, B 13/97, 1997, S. 15–24.

dies. / Geyer, Michael / Brähler, Elmar (Hrsg.): Gewinne und Verluste sozialen Wandels. Globalisierung und deutsche Wiedervereinigung aus psychosozialer Sicht, Opladen, Wiesbaden 1999.

Hormuth, Stefan: Auswirkungen des Transformationsprozesses in Ostdeutschland auf individuelle Entwicklung, Bildung und Berufsverläufe, in: Berliner Journal für Soziologie, Heft 4, 1997, S. 609f.

Klier, Freya: Lüg Vaterland – Erziehung in der DDR, München 1990.

Küster, Katrin: Die EU-Agrarpolitik und der Strukturwandel in den neuen Bundesländern, in: Prokla 112 – Zeitschrift für kritische Sozialwissenschaft, 28. Jahrgang, Nr. 3, 1998, S. 443–458.

Mathwig, Gisela/Habich, Roland: Berufs- und Einkommensverläufe in Deutschland nach der Vereinigung, in: Hadril, Stefan/Pankoke, Eckart (Hrsg.): Aufstieg für alle? Beiträge zu den Berichten zum sozialen und politischen Wandel in Ostdeutschland – Ungleichheit und Sozialpolitik, Opladen 1997, S. 11–101.

Mühlberg, Dietrich: Nachrichten über die kulturelle Verfassung der Ostdeutschen, unveröffentlichtes Manuskript. Erscheint demnächst in *Initial*.

ders.: ›Ostkultur‹ – mentaler Ballast oder Ressource? – Überlegungen zum ›Ostdeutschen KulturTag‹ am 24. Mai 1997, in: Broschüre 1997.

Neumann, Dirk: Die Einführung des Arbeitsrechts in Ostdeutschland. Eine Wortmeldung zum Beitrag ›Zur Akzeptanz des Arbeits- und Sozialrechts in Ostdeutschland‹, in: Berliner Journal für Soziologie, Heft 4, 1997, S. 497–498.

Nickel, Hildegard Maria: Mitgestalterin des Sozialismus – Frauenarbeit in der DDR, in: Helwig, Gisela/Nickel, Hildegard Maria (Hrsg.): Frauen in Deutschland 1945–1992, Bonn 1993, S. 237f.

Pollack, Detlev: Das Bedürfnis nach sozialer Anerkennung – Der Wandel der Akzeptanz von Demokratie und Marktwirtschaft in Ostdeutschland, in: Aus Politik und Zeitgeschichte – Beilage zur Wochenzeitung *Das Parlament*, B 13/97, 1997, S. 3–14.

Probst, Lothar: Gesellschaft versus Gemeinschaft? – Zur Tradition des dichotomischen Denkens in Deutschland, in: Aus Politik und Zeitgeschichte – Beilage zur Wochenzeitung *Das Parlament*, B 36/96, 1996, S. 29–35.

Roesler, Jörg: Zur Rolle der Arbeitsbrigaden in den VEB, in: Deutschland-Archiv – Zeitschrift für das vereinte Deutschland; 30. Jg., Heft 5, September/Oktober 1997, S. 736–750.

Schmitz, Hermann: Der unerschöpfliche Gegenstand – Grundzüge der Philosophie, Bonn, Bouvier, 2. Auflage 1995.

Simon, Annette: Versuch, mir und anderen die ostdeutsche Moral zu erklären, Gießen 1995.

Solga, Heike: Der Verbleib der Angehörigen der oberen Dienstklasse der DDR nach 1989: Heißt ihr Schicksal nach der Wende
beruflicher Abstieg?, in: Hadril, Stefan/Pankoke, Eckart
(Hrsg.): Aufstieg für alle? Beiträge zu den Berichten zum sozialen und politischen Wandel in Ostdeutschland – Ungleichheit
und Sozialpolitik, Opladen 1997, S. 362f.

Stöss, Richard: Stabilität im Umbruch – Wahlbeständigkeit und
Parteienwettbewerb im ›Superwahljahr‹ 1994, Opladen, Wiesbaden 1997.

ders.: Rechtsextremismus im vereinten Deutschland, Friedrich
Ebert Stiftung (Hg.), Bonn 1999.

ders.: Rechtsextremismus und Wahlen 1998, in: Braune Gefahr –
DVU, NPD, REP – Geschichte und Zukunft, Jens Mecklenburger (Hg.), Berlin 1999.

Wagner, Bernd: Rechtsextreme Milieus im Osten, in: Mecklenburg, Jens (Hrsg.): Braune Gefahr – DVU, NPD, REP – Geschichte und Zukunft, Berlin 1999, S. 238ff.

Wagner, Wolf: Kulturschock Deutschland, Hamburg 1996.

ders.: Gesellschaftlicher Wandel und Körperideal, in: Hessel,
Aike/Geyer, Michael/Brähler, Elmar (Hrsg.): Gewinne und
Verluste sozialen Wandels. Globalisierung und deutsche Wiedervereinigung aus psychosozialer Sicht, Opladen, Wiesbaden
1999, S. 101–123.

Weil, Franzeska: Zwischen Anpassung und Verweigerung – Zur
Entwicklung sozialer Verhaltensmuster am Beispiel zweier
sächsischer Betriebe zwischen 1970 und 1997, in: Deutschland-
Archiv – Zeitschrift für das vereinte Deutschland, 31. Jg. , Heft
4, Juli/August, 1998, S. 547–564.

Zelle, Carsten: Soziale und liberale Wertorientierungen: Versuch
einer situativen Erklärung der Unterschiede zwischen Ost- und
Westdeutschen, in: Aus Politik und Zeitgeschichte – Beilage zur
Wochenzeitung *Das Parlament*, B 41/42, 1998, S. 24–36.

Wolf Wagner

geboren 1944, bis 1991 Privatdozent für Politische
Wissenschaft an der FU Berlin sowie freier Therapeut,
ist Professor für Sozialwissenschaften am Fachbereich
Sozialwesen der Fachhochschule Erfurt.

Bei Rotbuch sind außerdem lieferbar: Kulturschock
Deutschland 1996, Uni-Angst und Uni-Bluff, 5. Aufl. 1999

Zeitgeschehen

bei ROTBUCH

Sunil Khilnani
Revolutionsdonner
Die französische Linke nach 1945
Gebunden mit Schutzumschlag
379 Seiten

Lin Chun
Wortgewitter
Die britische Linke nach 1945
Gebunden mit Schutzumschlag
415 Seiten

Andrei S. Markovits / Philip S. Gorski
Grün schlägt Rot
Die deutsche Linke nach 1945
Gebunden mit Schutzumschlag
607 Seiten

Julia Lochte / Wilfried Schulz (Hg.)
Schlingensief!
Notruf für Deutschland
Broschur, 160 Seiten

Johann Philipp von Bethmann
Die Deflationsspirale
Zur Krise der Weltwirtschaft
Broschur, 80 Seiten

John S. Mehnert
Die Gewerkschafts-Bande
Der größte Wirtschaftsskandal
der Nachkriegsgeschichte,
aufgeschrieben von dem Mann, der
die Neue Heimat zu Fall brachte
Broschur, 192 Seiten

Paul Berman
Zappa meets Havel
1968 und die Folgen – eine
politische Reise
Gebunden mit Schutzumschlag
320 Seiten

Burkhard Schröder
Der V-Mann
Rotbuch TB 1061, 216 Seiten

Bernd Guggenberger
Sein oder Design
Im Supermarkt der Lebenswelten
Gebunden mit Schutzumschlag
300 Seiten

Bernd Guggenberger
Das digitale Nirwana
Gebunden mit Schutzumschlag
268 Seiten

Maria Mies/Claudia von Werlhof
Lizenz zum Plündern
Das Multilaterale Abkommen über
Investitionen »MAI«
Broschur, 232 Seiten

Richard Fuchs /
Karl A. Schachtschneider (Hg.)
Spenden was uns nicht gehört
Das Transplantationsgesetz und die
Verfassungsklage
Broschur, 230 Seiten

Peter Neumann
IRA – Langer Weg zum Frieden
Broschur, 240 Seiten

ROTBUCH VERLAG · HAMBURG